Guide du Meuble Régional

Yves GAIRAUD - Françoise de PERTHUIS

Guide du Meuble Régional

Préface
de
Martine HOUZE
Expert en Art populaire

2e édition

EDITIONS HERVAS

Préface

«Parce qu'on pensera, non plus formules, non plus même style, mais raison, comme dans le passé, on aura retrouvé l'art.»

Guillaume Janneau

 ans chacune des régions de France le paysage a inspiré une architecture originale. Il ne faut donc pas s'étonner de trouver un mobilier qui soit à la mesure des maisons et des gens. Apprendre à connaître ce mobilier, c'est aussi mieux appréhender la vie paysanne, bourgeoise ou aristocratique, avec ses usages et ses traditions.

Yves Gairaud et Françoise de Perthuis nous convient à un tour de France, par région, où chaque pièce du mobilier en usage est campée et analysée dans son contexte géographique et historique. Côte à côte, pour la première fois, sont réunis dans un même tour d'horizon le meuble aristocratique, le meuble bourgeois et le meuble paysan.

L'art du meuble régional apparaît sous un nouvel éclairage et l'on constate, non sans intérêt, que les provinces ont su garder une certaine indépendance par rapport au pouvoir central parisien. Cette autonomie, qui pouvait être juridique et administrative, s'est révélée dans le mobilier, par une production personnalisée et imaginative. Celle-ci est avant tout l'expression d'exigences culturelles, déterminées géographiquement et limitées dans le temps.

Petit à petit, la domination culturelle parisienne a influencé la production régionale. Des ornemanistes ont publié des catalogues, largement diffusés. Les volumes et les motifs ornementaux des meubles bourgeois et aristocratiques révélèrent ainsi une empreinte stylistique qui puisait ses références dans l'architecture monumentale. Plus près de nous, la diffusion des albums de fabricants de meubles ou d'éléments (balustres tournés, frontons, colonnes, moulures...) pouvant être intégrés au mobilier a encore contribué à l'uniformisation du mobilier français. La culture rurale va, elle aussi, constamment se rapprocher de la culture citadine, jusqu'à la rattraper.

En conséquence, la personnalité des provinces s'est atrophiée et le génie créateur des artisans s'est peu à peu éteint, pour prendre, comme unique référence, les modes diffusées par Paris. En fin de chaîne, l'artisan menuisier ou l'ébéniste est devenu marchand de meubles.

A cette ligne générale, le livre met en relief certaines exceptions, comme l'Alsace et la Provence qui, bien après leur annexion au royaume de France, ont su mieux que d'autres régions conserver à leurs productions un caractère original. Le dernier exemple en date, le plus spectaculaire, nous est donné par l'École de Nancy qui, avec des hommes tels que Gallé et Majorelle, fut à l'avant-garde de la création internationale avant d'influencer la production parisienne.

Aujourd'hui que la décentralisation administrative et juridique est entrée dans les faits, peut-on espérer la renaissance d'un esprit régional qui se traduirait par la création d'un mobilier original, différent bien évidemment de celui de l'ancien régime mais qui le rejoindrait par la vigueur de son expression?

Le mobilier contemporain n'est-il pas une des branches de l'industrie qui souffre le plus d'indigence créatrice? Combien de fabricants de meubles connaissent encore le bois? Faire le meilleur choix se limite aujourd'hui à sélectionner un bois sans nœud. Une planche de chêne, passée dans la machine, en sort rabotée, calibrée, moulurée et sculptée. Toutefois, la qualité médiocre des sculptures obtenues par les procédés industriels a incité certains professionnels souhaitant améliorer l'image de leur production à finir les sculptures à la main. Ce fut un échec. Au lieu de choisir un chêne d'ombre de haute futaie, ils avaient pris un chêne de lumière qui s'est développé isolément ou à l'orée de la forêt. L'écart entre le bois de ces deux arbres de même essence est considérable. Le premier, qui possède un grain fin et doux au toucher, se sculpte parfaitement tandis que le second qui est dense, dur et nerveux se révèle extrêmement rebelle à l'action de la gouge : c'est un bois de charpente.

Dans le mobilier traditionnel, l'artisan utilisait souvent des arbres fruitiers dont les troncs, de dimensions relativement modestes, ne sont pas dépourvus de nœuds. Les planches n'étant pas assez larges pour confectionner les panneaux aux bonnes dimensions, le menuisier prenait la liberté d'assembler plusieurs éléments entre eux. Un nœud n'était pas considéré comme rédhibitoire, au contraire, et les assemblages à tenons et mortaises laissaient apparaître leurs arasements et les chevilles qui les maintiennent.

Progressivement, cette honnêteté de l'ouvrier vis-à-vis du matériau s'est perdue et, grâce au progrès des colles, on en est arrivé à des plaquages qui présentent l'aspect d'un bois sans défaut, tellement parfait qu'il ne paraît plus naturel. En outre, il a prêté le flanc à l'imitation et à la copie, d'où sont issus les stratifiés contemporains. Le bois, matériau vivant, a été brimé, bridé, opprimé et naturellement il s'est révélé moins docile qu'on ne le pensait.

L'édition de ce guide révèle un besoin : une grande partie de la population ne trouve plus de meubles adaptés à ses goûts et à ses moyens. Le bricolage supplée la carence des professionnels. Il suffit de voir l'engouement pour le petit matériel électroportatif pour se rendre compte du besoin presque vital ainsi exprimé : celui d'un mobilier fonctionnel et imaginatif.

Dans la menuiserie de bâtiment, on assiste déjà à un revirement symptomatique. La petite unité de production, équipée d'un matériel performant, de machines programmées à l'aide de fiches informatiques, se révèle compétitive et propose des ouvrages répondant aux exigences des utilisateurs. Ces nouvelles données vont-elles favoriser la renaissance d'un artisanat aux compétences confirmées qui devra, en puisant ses racines dans la logique du mobilier traditionnel, satisfaire une clientèle qui s'alanguit de la médiocrité de la plupart des productions contemporaines ?

Il y eut une époque où les livres professionnels n'existaient pas. Le savoir des hommes de métiers se transmettait de bouche à oreille, les outils à la main, à l'atelier devant l'établi. Pour combler ce qui fut considéré comme une lacune par les philosophes du Siècle des lumières, on en vint à éditer les grandes Encyclopédies. Qu'on songe à l'Encyclopédie méthodique de Panckoucke avec ses 166 volumes consacrés uniquement aux arts mécaniques. C'est énorme ! Sous une forme plus modeste, des encyclopédies professionnelles ont vu le jour tout au long du XIXe siècle et pendant la première moitié du XXe siècle. Ces livres, si l'on se réfère à la propagande des éditeurs, devaient être les nouveaux outils des ouvriers. Et dans bien des cas cet objectif fut atteint. Aujourd'hui la dimension du livre est toute autre. Sa fonction n'est plus celle d'un conseiller ni d'un assistant purement technique, il doit être un réservoir inépuisable d'idées nouvelles tant au plan des fonctions que des formes ou des matériaux. Innombrables sont les possibilités. Chaque jour un monde est à créer.

Puisse cet ouvrage nous faire entendre le langage des formes, nous faire comprendre dans leur essence les modes de vie du passé tout encore vibrant d'intelligence et de sensibilité et contribuer à l'essor d'un mobilier français, à la mesure des hommes d'aujourd'hui.

Expert en Art populaire

Plan général

Alsace	Ardèche	Ardennes	Artois	Aunis	Auvergne
149	*305*	*197*	*85*	*343*	*319*

Berry	Bourgogne	Bresse	Bretagne
67	*207*	*231*	*115*

Champagne
197

Dauphiné
271

Flandre	Forez	Franche-Comté
75	*243*	*221*

Ile de France
49

Languedoc	Lorraine	Limousin	Lyonnais
305	*177*	*329*	*243*

Normandie
95

Pays Basque	Périgord	Picardie	Poitou	Provence
367	*333*	*85*	*343*	*285*

Roussillon
305

Saintonge	Savoie	Sud-Ouest
343	*261*	*355*

Val-de-Loire	Vendée
57	*343*

Flandre

Artois
Picardie

Champagne
Ardennes

Lorraine

Normandie

Ile-de-France

Alsace

Bretagne

Val-de-Loire

Bourgogne

Franche-
Comté

Berry

Vendée
Aunis
Poitou
Saintonge

Bresse

Limousin

Lyonnais
Forez

Savoie

Périgord

Auvergne

Dauphiné

Sud-Ouest

Languedoc
Roussillon
Ardèche

Provence

Pays Basque

Introduction

Signes concrets, traces visibles, témoignages palpables, les meubles des régions et provinces de France constituent un des indices qui permettent de retrouver ce qu'il est convenu d'appeler nos racines.

Suite logique et complément du *Guide du meuble ancien,* cet ouvrage diffère d'autres travaux dans la mesure où il présente une sorte de synthèse des meubles, nés, fabriqués dans l'ensemble des provinces et régions de France sans se limiter au meuble rural ou populaire.

Il évoque aussi les meubles qualifiés de bourgeois et les meubles de cour nés sous l'impulsion des comtes et ducs aux pouvoirs jadis plus étendus que ceux du roi de France dont l'autorité directe ne portait alors que sur une partie limitée de ce qui deviendra plus tard la France.

Avant que la France ne constitue un ensemble cohérent, les provinces, du moins certaines d'entre elles, avaient une existence économique et culturelle autonome, originale, souvent brillante, que la plupart d'entre elles ont su conserver.

Le meuble parisien ou qualifié de cette manière ne donnera le ton qu'à partir du moment où le pouvoir royal et la cour seront installés définitivement à Paris ou à Versailles. Et encore, il n'est pas inutile de rappeler que l'expression française de l'Art nouveau, de l'Art 1900, est née à Nancy avant de triompher à Paris.

Le mobilier de cour et le mobilier bourgeois

Avant le rattachement au royaume de France, certaines régions ont connu un art du meuble et de l'ébénisterie profondément original, parfois en avance sur le mobilier parisien. La marqueterie était parfaitement maîtrisée en Alsace et en Provence, alors qu'elle n'en était qu'à ses premiers balbutiements à Paris. Le mobilier des riches bourgeois lyonnais du XVIe siècle n'avait rien à envier à celui de la famille royale.

Bien sûr, ici et là, dans ces provinces hors du royaume, on trouve dans les châteaux et hôtels particuliers des meubles conformes au style parisien de l'époque, mais ce sont des caractéristiques que l'on retrouve dans tous les pays européens alors émiettés : Italie, Espagne, pays germaniques, etc.

Par contre, les particularismes résisteront un certain temps à l'annexion, et l'existence de corporations fortes comme en Alsace maintiendra longtemps une tradition en lutte avec les nouvelles modes venues de Paris. Et le retard constaté à suivre les styles dominants n'est pas seulement dû à un retard technologique ou culturel, ou à une incapacité économique à suivre les modes mais aussi à un certain esprit de résistance et d'originalité.

Le mobilier rural et populaire

S'il existe encore des meubles bourgeois ou de cour des XVe et XVIe siècles, il reste peu de traces des meubles populaires ou ruraux antérieurs au XVIIe siècle, voire au XVIIIe. Et cela pour des raisons économiques simples : ce n'est qu'à partir du XVIIe siècle, puis surtout au XVIIIe et au XIXe que les classes les plus défavorisées atteignirent un niveau économique leur permettant d'acquérir un mobilier différencié.

Au coffre passe-partout qui renfermait les maigres richesses du paysan ou de l'artisan, succéda l'armoire puis des meubles de plus en plus spécialisés qui se multiplièrent parallèlement à l'élévation du niveau de vie et à l'ascension sociale.

A l'origine, l'ensemble des meubles est groupé dans la pièce commune autour du foyer dispensateur de chaleur. Le nombre des pièces et leur spécialisation augmentent avec le temps, l'accroissement des richesses et l'élévation du niveau culturel.

D'abord strictement fonctionnel et parfois pluri-fonctionnel, le meuble rural ou populaire se diversifie.

Le décor, à l'origine fonctionnel également (signes prophylactiques destinés à protéger les habitants de la maison) devient «gratuit» : il témoigne de la richesse et du goût de ceux qui l'ont fait réaliser.

Les différents types de meubles

Au coffre, meuble des origines, succèdent, lorsqu'il n'existe pas de placards aménagés dans les murs, les armoires où l'on serre le linge, toutes sortes de buffets, bas ou hauts, de bahuts destinés à recevoir la vaisselle, à conserver la nourriture. Dressoirs et crédences se multiplient dans les demeures plus aisées tandis que le vaisselier connaît un grand succès dans les demeures paysannes.

A côté de ces meubles «contenant», on distingue les meubles «support», à commencer par la table classique, à large et épais plateau, destinée au repas. Ce type de meuble connaît également beaucoup d'avatars et de modèles spécialisés : table à pain, tables à système au plateau et au piétement pliants, enfin tables d'apparat, consoles et petites tables spécialisées, comme la table à écrire, la «travailleuse», etc., qui trouvent leur place dans les salons bourgeois.

Les lits répondent d'abord à des conditions climatiques : lits clos ou lits d'alcôve placés dans la salle commune avant de trouver leur place à côté de l'armoire dans une pièce spécialisée, la chambre à coucher, et de prendre des formes et des décors plus raffinés.

Le mobilier populaire compte également de nombreux meubles utilitaires comme les pétrins ou la maie destinés à la préparation du pain.

La fabrication

Si l'on trouve encore dans les meubles les plus frustes des pièces assemblées à joints vifs, la plupart des meubles régionaux ont été fabriqués avec les mêmes techniques que les meubles parisiens : tenons et mortaises, onglets, queue d'aronde, la colle et les vis prenant une place grandissante au fur et à mesure que l'on avance dans le temps.

Si le paysan se fait souvent lui-même menuisier, notamment dans les régions qui vivent en quasi-autarcie, l'artisan, le menuisier œuvre au village et dans les petites villes. Souvent il vient à domicile fabriquer les meubles et reste à demeure – logé et nourri – le temps de finir son ouvrage qu'il exécute en bien des cas «sur mesures» pour qu'il soit parfaitement adapté aux pièces auxquelles il est destiné.

Les meubles qui font partie de la dot – c'est souvent le cas du coffre ou de l'armoire – sont l'objet d'un soin particulier, voire de festivités lorsqu'ils sont terminés.

Dans les grandes villes et les capitales provinciales il existe, comme à Paris, des corporations et certaines villes ne manquent pas d'ébénistes dont le talent est égal à celui des artisans de la capitale. Nous l'avons vu plus haut, des techniques avancées sont en vigueur dans certaines régions avant qu'elles ne soient utilisées à Paris.

Par ailleurs, la pratique du «Tour de France» par les compagnons menuisiers uniformise les techniques, mais aussi les motifs décoratifs.

Les bois

Les bois employés sont naturellement des bois indigènes. Pour simplifier on peut dire que le chêne domine dans la partie septentrionale et le noyer dans la partie méridionale du pays. Les exceptions ne manquent pas, le noyer n'est pas rare en Alsace et le chêne constitue la matière première du mobilier en Roussillon. Matériau privilégié, les bois fruitiers, merisier, cerisier et poirier (ce dernier, une fois noirci, a l'apparence de l'ébène) sont également très utilisés ainsi que le châtaignier et le mûrier.

Dans les régions de montagne, les résineux l'emportent. Les bois exotiques, notamment l'acajou qui lestait les navires venus des Amériques, sont utilisés dans les grands ports soit à l'état massif soit pour composer de savantes marqueteries.

Du style et des styles

D'une manière générale, les meubles régionaux épousent les grands styles parisiens avec plus ou moins de retard selon le degré d'aisance des bourgeois auxquels ils sont destinés. Autre tendance, les styles persistent et cohabitent : on fabrique du Louis XIII, du Louis XV ou du Louis XVI jusqu'au XIXe siècle, voire jusqu'au début du XXe siècle avec les nuances et les particularismes propres à chaque région.

Précisons que, grossièrement, sur le plan de la structure, les meubles régionaux s'inspirent de deux grands styles : le style Louis XIII avec ses éléments de bois tourné, ses structures rigides, ses décors de type géométrique (notamment la pointe de diamant et les divers types de croix), ses pieds droits ou en boules aplaties et le style Louis XV tout en courbes et chantournements, aux corniches cintrées, aux pieds galbés, aux panneaux moulurés et sculptés.

Le syncrétisme, le mélange des styles est également une des marques du mobilier régional. Avec le style Louis-Philippe il finira par produire un type de mobilier uniforme que l'on retrouvera aux six coins de l'hexagone.

Décors : techniques et motifs

Moulures et sculptures ont constitué les principales techniques du décor. L'incrustation et la marqueterie, à un degré moindre, ont également été utilisées.

Tracé au compas, creusé au couteau sur les meubles les plus humbles, notamment dans les régions de montagne, le décor sculpté a connu de riches heures sous la Renaissance avec des pièces entièrement ornées en semi haut-relief. Le XVIIIe siècle, avec le style Louis XV, donna lieu également à quelques chefs-d'œuvre capables de rivaliser avec les meilleures créations parisiennes.

Si la marqueterie reste l'apanage de certaines régions (Lyon, l'Alsace, la Provence, Montbéliard et Grenoble), l'incrustation de motifs, plus ou moins élaborés, constitue un procédé de décoration fort répandu.

Les décors peints ne connurent pas le même succès que dans les pays germaniques ou l'Europe centrale. A l'origine destinés à «cacher» la pauvreté des bois blancs, notamment dans les régions de montagne, ils donnèrent lieu à quelques réalisations de grande qualité en Alsace, en Provence, en Languedoc où la bonne société les appréciait.

Cela dit, les meubles régionaux ne sont pas des copies tardives et un peu frustes de meubles parisiens : il existe à des degrés divers de véritables styles régionaux nés de la convergence d'un certain nombre de traits spécifiques qui permettent une identification locale assez précise.

Cette originalité ne réside pas dans les motifs ornementaux employés. En dehors des meubles de montagne ou dits populaires porteurs de symboles prophylactiques destinés à protéger leurs propriétaires, la plupart des meubles sont ornés de motifs empruntés aux grands styles ou au répertoire géométrique ou floral. Les motifs strictement régionaux sont rares, mais ils existent. C'est leur association, leur répétition, leurs fréquences, qui donnent un caractère local au décor.

Sauf pour la Normandie et la Provence, les ferrures et garnitures n'ont que rarement une vocation décorative. En fer, en laiton, en cuivre ou en bronze, elles sont particulièrement soignées sur les meubles destinés à la noblesse ou à la grande bourgeoisie de ces deux provinces.

Des degrés d'originalité divers

Les styles régionaux sont plus accusés dans les régions périphériques, excentriques ou tardivement rattachées au royaume ou encore dotées d'une culture et d'une langue locales affirmées.

La Bretagne, le Pays Basque, l'Alsace, la Provence sont, à cet égard, exemplaires. Les régions géographiquement et disons «climatiquement» isolées présentent également un caractère spécifique.

Mais toutes les provinces ont leur personnalité et des types de meubles qui leur sont propres. A l'intérieur de certaines

d'entre elles, la diversité apparaît de canton à canton, de village à village.

Datation et valeur financière

Il est extrêmement délicat de dater les meubles régionaux, sauf s'ils possèdent un pedigree fiable. On a vu que de nombreux meubles de style ou d'esprit Renaissance ou Louis XIII ont été fabriqués bien après les XVIe et XVIIe siècles, jusqu'au début du XXe et que le style Louis XV est resté en vigueur à la veille même du second conflit mondial.

Entre 1919 et 1934, *la Vie à la campagne* a publié régulièrement des numéros spéciaux consacrés aux meubles régionaux. Y figurent de nombreuses publicités d'artisans fabricant des copies de meubles régionaux. Exceptés quelques rares experts avertis, qui pourrait distinguer un buffet à glissants provençal de 1920 d'une production de 1898 ou même antérieure? Enfin, au XIXe siècle, des motifs décoratifs ont été rajoutés à des meubles fabriqués antérieurement. Cela n'a pas empêché le marché du meuble régional de prospérer.

Les meubles en bois naturel ont connu un regain d'intérêt avec l'aménagement des résidences secondaires que l'on désirait garnir de meubles robustes, pas trop onéreux, résistant à l'humidité et à d'importantes variations de température.

Une seconde vague a suivi le mouvement de Mai 1968, avec le développement des mouvements écologistes, celui du goût pour la nature, le monde rural et tout ce qui y était directement ou indirectement rattaché.

Aujourd'hui, un équilibre s'est établi. On considère les meubles régionaux à la fois comme des témoignages de notre passé collectif, de nos racines, mais également comme des objets de placement.

Des armoires normandes se négocient selon leur âge et la qualité de leur décor entre 10 000 et 60 000 F, quelquefois plus. Les meubles marquetés d'ébénistes régionaux rejoignent, au chapitre des enchères spectaculaires, les meilleurs travaux des ébénistes parisiens et enregistrent des enchères à cinq, voire à six chiffres, notamment pour les meubles signés Hache, Nogaret, Couleru...

Prestige du mobilier régional

*Du modeste «grenier» cévenol au précieux
meuble-lavabo d'une bourgmestre alsacien*

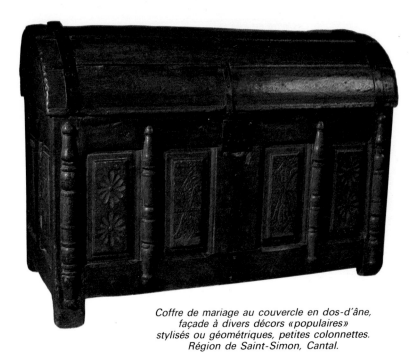

*Coffre de mariage au couvercle en dos-d'âne,
façade à divers décors «populaires»
stylisés ou géométriques, petites colonnettes.
Région de Saint-Simon, Cantal.*

(Musées municipaux, Aurillac.)

*Coffre en mélèze, façade gravée
de rosaces «solaires» tournoyantes
et autres motifs populaires exécutés au couteau.
Vallée de la Maurienne (Savoie).*

(Photo A. Chadefaux, Agence Top.)

*Coffre en chêne
monté à queue d'aronde et à traverses perdues.
Sculpté de larges motifs stylisés,
au centre, les armes de l'évêque Jehan de Bourbon. XVᵉ.*

(Musée Crozatier, Le Puy-en-Velay.)

*Banc-coffre marchepied
à accoudoirs aux deux extrémités,
deux couvercles, bois naturel patiné,
ferrures de fer forgé.
Région de Fontenay, début XIXᵉ.*

(Éco-Musée de la Vendée).

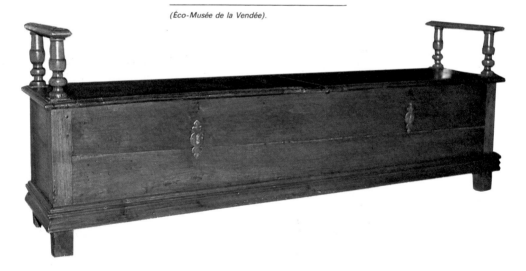

Coffre de mariage sculpté en chêne
surmonté d'un dosseret en chêne également sculpté. XVIIᵉ.
Sur ce meuble quelques motifs typiques
du registre décoratif basque :
rosaces, disques et motifs floraux.
Au-dessus, stèle à motifs
de rosaces et de disques.

(Musée Basque, Bayonne.)

*Armoire typiquement bressane,
modèle à tiroir dans le bas et
à deux bois de tons différents,
structure en noyer panneaux en loupe de frêne. 1831.*

(Don de M. et Mme Revel. Musée de Brou, Bourg-en-Bresse.)

*Ensemble de meubles de la région de Rennes.
On remarque, derrière, au centre,
deux armoires typiques au fronton à double cintre.
Au fond, un lit à colonnes.*

(Photo Rosine Mazin, Agence Top.)

Grande armoire en noyer
pour le rangement de la vaisselle,
travail du XVIIe,
inspiré des armoires languedociennes du XVIe.

(Musée des Vallées cévenoles. Photo André Nicolas.)

L'utilisation du décor peint en polychromie
est une des caractéristiques du mobilier alsacien
tant populaire que bourgeois.
Ci-dessus, une armoire peinte au début de notre siècle. Vers 1912.

(Musée alsacien, Strasbourg.)

Deux corps avec tiroirs en ceinture, décor géométrique,
avec des panneaux à multiples compartiments,
décor sculpté sur les montants et en façade sur les tiroirs.
Inscription au fronton «Pour le bureau des pauvres 1587».

(Musée Boucher de Perthes, Abbeville.)

*Armoire de mariage en bois naturel sculpté.
A souligner un bouquet de fleurs, symbole de fécondité
et éléments de décor néo-classiques inspirés de l'antiquité,
typiquement Louis XVI,
sculptés sur un meuble chantourné à la structure Louis XV.
Pays de Caux. Fin du XVIIIe.*

*Armoire du début du XVIIᵉ, d'origine languedocienne
à décor abondamment sculpté et ajouré,
sur les panneaux un épisode de la Bible
«bande dessinée» avant la lettre,
l'histoire de Moïse.*

(Musée du Vieux Nîmes.)

*Meuble de rangement à une seule porte
en bois naturel mouluré
appelé «homme-debout».
Sud du Bocage. Début XIXe.*

(Éco-Musée de la Vendée.)

*Cabinet à deux panneaux et un tiroir central,
motifs incrustés polychromes.
Milieu du XIXe. Région de Maillezais.*

(Éco-Musée de la Vendée.)

Armoire deux corps
abondamment sculptée dans l'esprit Renaissance
de motifs en semi haut-relief
dont des cariatides et animaux fantastiques.
Région lyonnaise. Fin du XVIᵉ.

(Don Lorin. 1853. Musée de Brou, Bourg-en-Bresse.)

Reconstitution au château de Champlitte
d'un intérieur de la Haute-Saône :
on distingue un dressoir-vaisselier, un buffet bas, une chaise,
un banc et une table ainsi que divers accessoires.

(Photo A. Chadefaux, Agence Top.)

Vaisselier provenant de Mélamare, Pays-de-Caux,
au fond du corps supérieur composé d'étagères
est appliquée une «indienne» de Bolbec. XVIIIᵉ.

(Musée municipal de Lillebonne. Photo Sarofot.)

Vaisselier appelé également dressoir
à motifs incrustés en forme de losanges de couleurs contrastées,
sculptures d'éventail, étoile et motifs d'«arêtes de poisson».
Daté de 1880 et provenant de Pissote.

(Éco-Musée de la Vendée.)

*Ensemble de meubles de la vallée de la Maurienne (Savoie).
On distingue notamment un vaisselier du début du XIXe s. en arol,
une table au plateau abattant et un banc en merisier.*

(Photo A. Chadefaux, Agence Top. Collection Boix-Vives.)

*Vaisselier en cerisier mouluré, quatre panneaux
les deux centraux plus importants et au profil galbé,
traverse festonnée, corps supérieur en retrait
à cinq étagères munies de barres centrales
destinées à empêcher les assiettes de basculer.*

(Musée Basque, Bayonne.)

*Buffet-vaisselier en bois naturel sculpté
traverse festonnée, panneaux moulurés, motifs de losange,
le haut de la corniche du corps supérieur festonné
comme la traverse du bas,
étagères à barreaux.
Charente du sud, Poitou.*

(Musée de la Tour de Biracq. Photo A. Chadefaux, Agence Top.)

Vaisselier appelé également «ménager»
à corps inférieur composé de cinq panneaux en façade
disposés symétriquement, traverse festonnée,
le corps du haut, en retrait, est dépourvu de fond,
les tablettes sont rainurées pour empêcher les assiettes de glisser.
Champagne-Ardennes.

(Collection M. et Mme J. Potier. Photo C. Basnier, Agence Top.)

*Vaisselier avec horloge centrale de forme violonée,
sur le corps supérieur décor rappelant «la tête de chouette»,
entre les panneaux du corps inférieur décor dit à la «feuille d'eau».
Travail bressan du XVIIIe.*

*Lit-alcôve à deux faces
à panneaux de sapin.
Normandie, région d'Yvetot.*

(Photo A. Chadefaux, Agence Top.)

*Deux lits-clos de Franche-Comté
séparés par un élément servant de garde-robes,
au premier plan de cette salle commune,
banc et table.*

(Photo A. Chadefaux, Agence Top.)

*Meuble «lavabo» de bourgmestre
à fontaine figurant un dauphin,
de forme «architecturale» sur une âme de sapin,
placage d'une savante marqueterie
de bois aux tons contrastés
composant de fausses perspectives
dans l'esprit de la Renaissance.
Meuble exécuté vers 1550
pour l'Hôtel de Ville de Mulhouse.*

(Musée historique, Mulhouse.)

*Armoire-lit formant commode
à curieux décor de gravures découpées
et peintes collées sur toiles.
Provient du couvent de Luppach, XVIIIᵉ.*

(Musée historique, Mulhouse.)

Grenier à céréales
ou châtaignes sèches,
creusé dans un tronc de châtaignier.

(Musée des Vallées cévenoles.
Photo André Nicolas.)

46

Prie-Dieu à riche décor polychrome
représentant la Cène,
dans le registre du bas le Christ et un ange.

(Musée - Château d'Annecy.)

*Panetière provençale d'esprit Louis XV,
fuseaux à la partie supérieure, pieds galbés,
sur les traverses classique décor sculpté
d'urne, panier fleuri et éléments végétaux
symbolisant la prospérité.*

(Musée Arlaten, Arles. Photo Rosine Mazin, Agence Top.)

*Commode en bois naturel
largement mouluré et sculpté,
traverse ajourée, deux tiroirs,
pieds en escargots.
Exemple typique de travail provençal et (ou) nîmois
à motifs «rocaille».*

(Musée du Vieux Nîmes.)

L'Ile de France

On appelle ainsi les régions avoisinant Paris dans un rayon de soixante kilomètres environ.

L'Ile de France ne possède aucune limite naturelle et constitue un lieu de rencontres et d'échanges avec la Picardie, la Normandie, la Beauce, la Brie et les Pays de Loire.

L'Ile de France est un pays de grandes forêts et le bois n'y manque pas : noyer, merisier et bois fruitiers côtoient le chêne et le hêtre.

Les coffres, maies et pétrins jouent un rôle primordial dans l'ameublement des intérieurs populaires mais ne semblent pas comporter de caractéristiques particulières. Les tables et sièges ne se différencient pas non plus de ceux des provinces voisines : les chaises sont paillées et les tables, volontiers droites et solides, ont remplacé les planches et les tréteaux utilisés au Moyen Age.

L'armoire et le buffet sont beaucoup plus soignés. On les expose dans la grande salle où ils témoignent de l'aisance de la maisonnée. Dans la partie de l'Ile de France proche de la Normandie, de la Picardie ou de la Brie, on leur accorde une importance particulière, alors qu'au sud ils restent, le plus souvent, d'une facture extrêmement sobre.

Peut-on, dans ces conditions, parler d'un art régional du mobilier? A peine... Mais l'Ile de France a servi de relais à deux reprises : à la Renaissance dans le sens Province-Paris et au tournant des XVIIIe et XIXe siècles dans le sens inverse.

C'est par l'Ile de France en effet que le grand mouvement artistique de la Renaissance atteindra Paris. Vers 1525, la Cour quitte les bords de la Loire pour Fontainebleau où François Ier fera venir tant d'artistes italiens. L'école de l'Ile de France connaît donc un développement parallèle à celui du Val de Loire. Elle influence rapidement Paris où travaillent déjà de bons artisans.

Dès le milieu du XVIe siècle, les menuisiers et les ébénistes dominent le faubourg Saint-Antoine où ils bénéficient de l'exemption de maîtrise, les libérant ainsi du carcan des corporations. Un autre fait favorise leur installation dans ce faubourg : la proximité des endroits où débarque la matière première. Les grumes, en effet, sont déchargées, à l'époque, en bordure des fossés de la Bastille et au port au Plastre, l'actuel quai de la Rapée.

Au XVIIIe siècle, beaucoup de très grands ébénistes se groupent au faubourg Saint-Antoine : les Migeon, Riesener, Leleu, Carlin, Benneman, Weisweiller...

Mais, à côté de ces ébénistes de renom, fournisseurs de la Cour et des grands de ce monde, évolue tout un petit peuple d'artisans travaillant pour des gens moins fortunés. Imitant les maîtres mais habitués à serrer les prix de revient, ces menuisiers ont grandement contribué à diffuser dans un public assez large, bien avant la fabrication en série, une gamme de meubles simplifiés mais souvent techniquement irréprochables.

C'est par leur intermédiaire, et par les compagnons du Tour de France, que le style Louis XV se répandra dans les provinces, en commençant par la Normandie avec laquelle les communications étaient faciles grâce à la vallée de la Seine.

*Armoire à deux portes et deux tiroirs dans le bas,
corniche légèrement cintrée,
chêne mouluré et sculpté. XVIIIe.*

(Doc. Étude Brunet, Tourcoing.)

50

Petit meuble deux corps
à retrait en noyer mouluré,
incrusté de marbre
sculpté sur les montants
des allégories des quatre saisons,
naïades sur les tiroirs,
cygnes et chimères ailées.
Travail d'après Jean Goujon,
école de Fontainebleau.
Milieu du XVIᵉ.

(Doc. Etude Germain,
Desamais, Avignon.)

*Buffet deux corps, quatre portes,
fronton galbé,
sculpté de rinceaux et rosaces.
Ile-de-France. XVIIIe.*

(Doc. Etude Ducousso, Gestas.)

Meuble à deux corps à retrait en noyer sculpté et incrusté de marbres. École de Fontainebleau. Époque Renaissance.

(Doc. Étude Ader, Picard, Tajan.)

*Buffet deux corps en bois naturel mouluré,
corniche légèrement cintrée. XVIIIe.*

(*Doc. Étude Holz, Arles.*)

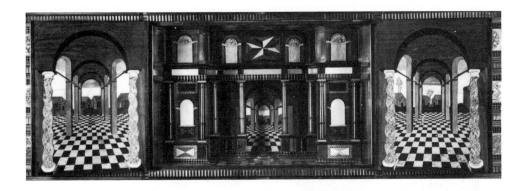

*Cabinet en ébène. Vers 1660.
Détail intérieur en marqueterie
de bois et ivoire.*

(Doc. Étude Néret-Minet, Paris.)

Commode à trois tiroirs
en bois naturel
et dessus marbre. XVIIIe.

(Doc. Trouvailles. P.A. Bressou. Photo O. Bucourt.)

Commode en bois naturel
mouluré et sculpté.
XVIIIe.

(Doc. Étude Osenat, Fontainebleau.)

Musées

77. LAGNY-SUR-MARNE

Musée municipal Gratien-Bonnet,
8, rue de la Gourdine.

78. SAINT-ARNOULT-EN-YVELINES

Musée du Moulin-Neuf, Quartier du Stade.

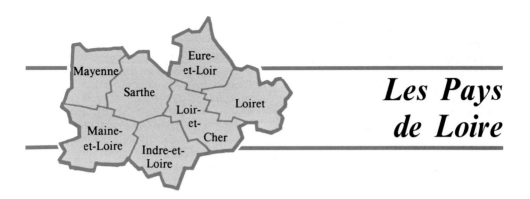

Les Pays de Loire

Deux éléments, l'un géographique, l'autre historique, ont provoqué dans cette région un développement économique et artistique incomparable : la Loire, voie de pénétration et d'échanges jusqu'à l'invention du chemin de fer, et les rois de France, attirés sur les bords du fleuve depuis que Charles VII y avait trouvé refuge dans les dernières décennies de la guerre de Cent Ans.

On imagine difficilement, aujourd'hui, à quel point la navigation était dense autrefois sur la Loire. Orléans servait de point de jonction aux deux courants : l'un venu de l'Océan, à la voile, grâce aux vents d'ouest dominants, redescendait au fil de l'eau; l'autre, sur le cours supérieur du fleuve, utilisait le halage vers l'amont et le courant vers l'aval.

Quant à la présence de la Cour au XVe et au XVIe siècles, elle devait provoquer la construction d'innombrables châteaux et demeures seigneuriales et servir de tremplin au style Renaissance.

Certes, l'ameublement reste fruste à Loches, sous Charles VI, souverain abandonné, et à Plessis-Lez-Tours, sous Louis XI, ennemi du faste; mais le château d'Amboise, sous Charles VIII, comprend déjà 60 coffres, autant de tables et plus de 45 lits.

François Ier vivra les premières années de son règne à Amboise avant de donner à Chambord l'éclat que l'on sait. Il fera venir d'Italie artistes et créateurs. Catherine de Médicis, à Chenonceaux, et d'autres grands seigneurs feront de même.

Toutefois, si les menuisiers et les huchiers locaux furent tributaires de l'art de leurs confrères transalpins, ils surent fort bien s'organiser en ateliers et furent souvent choisis, de préférence à ces derniers. Les noms de quelques-uns d'entre eux sont parvenus jusqu'à nous : Michel Bourdin, qui figure à plusieurs reprises sur les comptes du mobilier royal pour des sommes importantes et Jean Audusson qui travaillait à Angers... Catherine de Médicis, bien qu'elle fût tentée d'embaucher des compatriotes, avait choisi pour menuisiers deux artisans du cru : Jean Liesse et Mathurin Cartoys. A Amboise, on sait que Jean de la Planchette exécute, au XVIe siècle, pour la ville, une armoire « à panneaux rustiques ». Nicolas Moreau et François Papin sont menuisiers du Roi, le premier en 1519, le second (aïeul de Denis Papin, l'inventeur de la machine à vapeur) en 1587.

Les corporations de menuisiers demeurèrent vivantes tout au long du XVIIIe siècle. Celle de Tours, par exemple, avait son siège rue des Jacobins et possédait ses propres armoiries : « D'azur à un rabot, posé en fasce, accompagné d'un compas ouvert, les pointes en bas, le tout d'or».

Le mobilier de Cour

L'école de la Loire connaît donc sa période la plus significative au XVIe siècle, mais elle travaille pour une clientèle limitée de grands seigneurs et de riches marchands. Elle ne présente pas un caractère régional marqué.

Le meuble relève alors d'une construction architecturale richement sculptée. Sa fonction n'est pas strictement pratique. Il revêt souvent la forme d'un petit édifice avec des colonnes, un fronton, des niches, accompagnés d'une abondante décoration.

S'épanouissant largement sur les meubles, les motifs d'ornementation sont tirés des règnes végétal et animal, et sont typiques de l'époque : cariatides et centaures, dauphins et chimères voisinent avec des médaillons, des rinceaux, des feuilles d'acanthe, des mascarons, des arabesques...

Ce type de meuble restera en usage longtemps encore et, dans nombre de gentilhommières et de logis bourgeois, on demeurera fidèle à cet esprit, pourtant simplifié, alors que dans d'autres régions, on se mettra au goût du jour pour adopter progressivement le style Louis XV.

Le mobilier bourgeois et paysan

Lorsque des conditions de vie moins rudes apparurent au XVIIIe siècle, les bourgeois puis les paysans prospères commencèrent à meubler leurs intérieurs. Mais comme leurs moyens financiers demeuraient limités, les artisans locaux se mirent à créer une gamme de meubles rustiques, d'une facture simplifiée, au décor sobre mais non dénué d'élégance. On peut penser que cette sobriété n'est pas seulement le fruit d'une certaine pauvreté mais peut-être aussi une réaction contre l'exubérance des meubles de châteaux dont la fabrication continuait par ailleurs. Quoi qu'il en soit, la production dite «rustique» de ces terroirs ouverts, grâce à la Loire et à la proximité de la capitale, à toutes les influences, a donné lieu à moins de recherches et à moins d'originalité que dans d'autres provinces.

Les maisons des Pays de Loire

Les maisons des Pays de Loire sont fort différentes les unes des autres. En Sologne,

le logis forestier, bas de plafond, avec ses murs en torchis, à colombages, ou en briques, s'allonge sous un toit de tuiles plates. En Beauce, les grandes fermes, leurs cours et leurs dépendances sont encloses de hauts murs s'ouvrant par un vaste portail. En Anjou, les constructions sont en calcaire, comme le sont les falaises du Val de Loire occupées par des habitations troglodytes, fraîches l'été et tièdes l'hiver.

La maison rurale, quel que soit son type, ne possède guère qu'une ou deux pièces.

Structure et décor du mobilier rustique

Simplicité et sobriété caractérisent les meubles de cette région, avec une exception toutefois : aux abords des cités et dans les régions de vignobles, les meubles s'inspirent largement de ceux qui sont exécutés pour les nobles et les riches négociants. Ailleurs, ils restent frustes, parfois même grossiers.

Les motifs décoratifs du mobilier rustique régional sont souvent tirés du règne végétal : paniers fleuris, fougères, roses, marguerites. Les meubles restent, sauf exception, peu décorés, avec des lignes simples. Les panneaux sont unis, entourés de fines moulures et lorsque, sous l'influence du style Louis XV, les lignes s'incurvent et se galbent, les vantaux restent droits.

L'amalgame des éléments Louis XV et Louis XVI sera réalisé dans les Pays de Loire avec adresse et équilibre.

Enfin, les artisans seront parmi les premiers à se soucier d'un prix de revient peu élevé. Ils utiliseront, à cet effet, des panneaux de bois sciés très finement, tels qu'on les trouvera beaucoup plus tard dans la production en série.

Coffres et maies

L'école de la Loire a longtemps influencé la mode du coffre, directement inspiré de l'esprit de la Renaissance. Là comme ailleurs, le coffre sert de meuble de rangement avant l'apparition de l'armoire et du buffet. Jusqu'au début du XVIIIe siècle, il reçoit les vêtements. Dans l'Orléanais, on le nomme même «coffre à hardes». Lorsqu'il abrite des objets précieux, il est muni de fortes serrures. Cependant, au fil des siècles, en même temps que son rôle diminue, le coffre est simplifié et sa décoration limitée à une simple moulure qui adopte au niveau de la serrure la forme d'un V renversé, disposition que l'on retrouve dans tout le centre de la France.

La maie ou pétrin, appelée ici «mette», adopte dans les Pays de Loire deux formes distinctes : ce peut être un coffre en forme de commode ou de bahut bas, assez raffiné et parfois agrémenté d'une sorte d'applique recevant des instruments ménagers. La plupart du temps, toutefois, ce n'est qu'un meuble utilitaire fort simple avec des pieds équarris à l'arrière et tournés en façade. Par extension, la maie sert aussi de garde-manger.

Armoires et bonnetières

Les ébénistes régionaux produisirent d'abord une petite armoire à deux corps, surmontée d'un fronton, adoptant ainsi une forme architecturale, un meuble proche, en somme, du cabinet Renaissance. Ensuite, ils restèrent longtemps fidèles à l'armoire d'esprit Louis XIII à pointes de diamants. Lorsque le style Louis XV vint supplanter le Louis XIII, il fut toujours interprété avec mesure et sobriété. Les lignes générales restent droites, la corniche plate ou en chapeau de gendarme et le décor réduit à quelques motifs floraux ou géométriques.

La bonnetière est une petite armoire étroite à une seule porte ou un meuble à deux corps exactement superposés, séparés ou non par un tiroir médian. On en a fabriqué beaucoup en Anjou.

Bahuts, buffets et vaisseliers

Le buffet apparaît dans les Pays de Loire au XVIIIe siècle. Les buffets à un ou deux corps sont d'ordinaire assez simples et sobrement décorés de quelques moulures ou d'un léger motif floral. Certains d'entre eux, cependant, sont garnis de grandes et belles ferrures. D'abord massifs et cossus, les buffets et bahuts s'allègent au XIXe siècle et deviennent d'une finesse qui confine, parfois, à la mièvrerie.

Le vaisselier des Pays de Loire manque parfois d'équilibre. Le haut, gracile et léger, est posé sur un meuble bas beaucoup plus robuste.

Tables

La table Renaissance, très travaillée, est d'une hauteur inusitée et les sièges de l'époque haut perchés. Le plateau est très épais, la ceinture sculptée, les pieds à colonnes. A côté, apparaissent très tôt quelques tables à tréteaux facilement démontables. Puis vient la table Louis XIII avec son entrejambe en H. Elle inspire la table de ferme qui ne diffère guère de celle des autres régions : étroite et longue avec un lourd plateau d'un seul tenant.

Toutefois, la gamme des tables en Val de Loire va s'étendre peu à peu pour répondre à de multiples usages : tables rondes, pliantes ou non, tables carrées, rectangulaires, voire octogonales.

Sièges

La «chaire», ancêtre de la chaise, avec sa carrure massive et son haut dossier, s'allège un peu. Les accotoirs se creusent, les dossiers s'ajourent et s'incurvent afin d'épouser la forme du corps. On trouve au milieu du XVIIIe et au XIXe siècle de nombreux fauteuils «bonne femme» foncés de paille. Certains sièges sont personnalisés à l'aide de médaillons sculptés : armoiries ou motifs rappelant le nom ou la qualité du propriétaire.

Lits

Le lit de type Renaissance, presque carré, avec des pieds toupies, est surmonté d'un dais supporté par quatre colonnes. Il n'est pas très différent du lit «à quenouilles» et largement garni de tentures qui protègent du froid.

Si le lit clos est extrêmement rare dans ces régions, il n'en est pas de même d'un type de lit enfoncé sur ses quatre faces de rideaux directement attachés aux solives.

Enfin, dans les demeures les plus pauvres, le lit n'est qu'un simple cadre de bois, rehaussé de nombreux matelas et garni d'une couette. On y accède à l'aide d'un banc-coffre qui abrite les vêtements.

Commodes, petits meubles et horloges

La commode apparaît au XVIIe siècle mais il faudra attendre la fin du XVIIIe pour qu'elle pénètre dans les campagnes. La plupart des commodes sont en bois naturel et les formes s'inspirent de celles des grands ébénistes. La production locale reste marginale et l'on suppose que nobles et bourgeois se fournissaient dans la capitale proche.

Il y eut, par contre, beaucoup de petits meubles charmants. La tradition voulait, en effet, que l'artisan à qui l'on commandait un «mobilier de mariage», offrit au jeune couple un petit guéridon, une table ou une travailleuse.

L'horloge n'est pas, la plupart du temps, d'origine locale mais est importée de l'est de la France, en particulier de Franche-Comté.

 **Bois et ferrures**

Les forêts du Val de Loire fournissent de nombreuses essences : le chêne, l'orme et le charme tandis que les vergers produisent les bois fruitiers : noyer, cerisier, pommier, prunier... Le frêne fut recherché à partir du XIXe siècle pour sa ressemblance avec le citronnier, alors fort à la mode mais rare et coûteux.

Enfin, l'acajou arrive largement par la Loire et les artisans l'utilisent aussi bien que les essences locales. Il n'est en effet pas plus cher.

L'association de plusieurs essences au sein d'un même meuble permet d'en abaisser le prix de revient. Le meilleur bois est alors utilisé pour la façade et l'on se contente d'essences plus communes pour le bâti et les côtés.

Parfois sans caractères, les ferrures peuvent aussi être élégantes et racées, surtout dans le Maine. Les poignées sont posées sur des plaquettes gravées ou ajourées sous le règne de Louis XIII. Au XVIIIe siècle, les fiches sont souvent belles, les entrées de serrures importantes, et les serrures à boîtier.

*Crédence en chêne sculpté
dans le style d'Androuet du Cerceau.
Val-de-Loire.*

(Doc. Étude Holz, Arles.)

*Armoire du Maine en chêne,
à décor de motifs végétaux
sur les portes et les traverses.*

(Photo P. Jahan.)

Deux corps en noyer, découpé sur les vantaux de triangles accolés, sculpté de chutes de fruits, rinceaux, mascarons et têtes d'angelots, fronton brisé. Début du XVIIᵉ.

(Doc. Étude Blanche-Tregouet, Boré.)

63

Crédence en noyer à façade architecturale.
Ateliers des bords de Loire,
d'après un modèle d'Androuet du Cerceau.
Seconde Renaissance. Vers 1550-1560.

(Doc. Étude Germain, Desamais, Avignon.)

Coffre banquette à double abattant.
Fin du XVIIIᵉ.

(Musée Dunois, Beaugency. Photo P. Jahan.)

Buffet à décor de motifs floraux
et marguerite sur le petit tiroir central.
XIXᵉ.

(Musée Dunois, Beaugency, Photo P. Jahan.)

*Fauteuil de la seconde motié du XVIIe
garni d'une moquette de l'époque.*

(Doc. Étude Ader, Picard, Tajan.)

Musées

45. BEAUGENCY

Musée régional des arts et traditions populaires
de l'Orléanais, 2, place Dunois.

28. CHÂTEAUDUN

Musée municipal, 3, rue Toufaire.

37. LOCHES

Musée Lansyer, rue Lansyer.

49. LOURESSE-ROCHEMENIER

Musée paysan.

41. MUR-DE-SOLOGNE

La locature de la Straize, Gy-en-Sologne.

72. PONCÉ-SUR-LE-LOIR

Musée ethnographique et folklorique sarthois,
Château.

41. ROMORANTIN

Musée de Sologne, Hôtel de Ville,
1, faubourg Saint-Roch.

53. SAINTE-SUZANNE

Musée de l'Auditoire, Grande-Rue.

49. SAUMUR

Musée des Arts Décoratifs, Château.

45. TIGY

Musée de l'artisanat rural ancien, 60, rue de Sully.

41. VENDÔME

Musée municipal, Cloître de la Trinité.

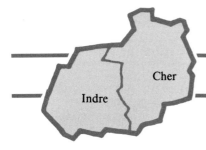

Cher

Indre

Le Berry

Au cœur de la France, le Berry, qui couvre pour l'essentiel les départements de l'Indre et du Cher, est un pays d'équilibre. Certes, il a subi des influences extérieures mais il a su les interpréter avec mesure et originalité.

Plus riche et plus varié que dans le Limousin voisin, le mobilier berrichon est exécuté avec grand soin et une certaine recherche. Les volumes sont proportionnés, les bois soigneusement choisis, les lignes élégantes et pures. Le meuble sans sculpture est bien fini et fort harmonieux.

Le style Louis XV, volontiers adopté, est souvent mélangé de style Louis XVI tandis que les styles du XVIIe siècle n'ont connu qu'un développement limité.

La meilleure époque est celle qui court du XVIIIe siècle au milieu du XIXe, puis la production s'affadit.

La maison berrichonne

La demeure comprend souvent deux pièces. La cuisine, ici, prend le nom de «maison» ou de «chambre à feu». La seconde pièce est d'ordinaire réservée aux maîtres.

Dans la «maison» se rassemble l'essentiel du mobilier : la table rectangulaire avec ses bancs, le coffre, l'armoire, pièce importante où la maîtresse de céans serre le linge, le buffet, le vaisselier, un ou plusieurs lits garnis de rideaux. Attenante à la maison, «la bassie» où l'on entrepose le lait et où se fabrique le fromage.

La seconde pièce abrite le lit des maîtres, le berceau, des sièges paillés, éventuellement une armoire et quelques petites tables.

Caractères et décor

Courbes et contrecourbes ornent les meubles berrichons mais sans exubérance. Le style Louis XV domine avec sagesse.

La sculpture est peu utilisée et toujours très simple. Les motifs sont tirés de la vie quotidienne : fleurs dont la marguerite et l'œillet, pommes de pin, panniers fleuris, fruits, cœurs ou soupières, symboles du bonheur domestique.

Coffres

Certains inventaires anciens font mention d'une bonne douzaine de coffres dans des intérieurs pourtant modestes. C'est dire que le coffre est largement répandu en Berry, où il prend parfois le nom d'«arche».

Le coffre berrichon est en chêne ou en noyer. Assez simple, sauf lorsqu'il s'agit d'un coffre de mariage, il répond à de multiples usages. Le plus souvent, il reçoit les vêtements et sert de siège auprès du lit. De nombreux spécimens cachent un compartiment pour les objets précieux.

Lorsqu'il est d'esprit XVIIe siècle, il repose sur des pieds droits et sa décoration se réduit à des moulures adoptant, à l'endroit de la serrure, la forme d'un V renversé. Lorsqu'il est d'esprit Louis XV, il repose sur des pieds galbés.

Armoires et bonnetières

Lorsque le coffre laisse la place à l'armoire, celle-ci adopte tout d'abord le style Louis XIII, mais lorsque ce meuble se généralise et entre dans les intérieurs paysans, les lignes s'adoucissent, les pieds se galbent, les corniches s'arrondissent ainsi que le fronton.

Au XIXe siècle, ce meuble est apporté par la fiancée, rempli du linge de son trousseau. Dans les familles aisées, il est parfois de taille si imposante qu'on est obligé d'entailler les poutres ou de creuser le sol pour le loger.

La bonnetière, petite armoire à une seule porte, est peu répandue dans les intérieurs berrichons. Lorsqu'elle existe, elle abrite indifféremment le linge ou les provisions.

Bahuts et vaisseliers

Le bas de buffet prend ici, comme en Limousin, le nom de «commode». Le rangement y est plus aisé que dans un coffre. Plus soigné que ce dernier, il est garni de ferrures joliment découpées et parfois orné de fleurs ou de rinceaux feuillagés.

Le buffet deux corps prend place dans la chambre des maîtres. C'est le signe d'une certaine aisance. On n'en trouve guère avant le milieu du XVIIIe siècle. Il est alors de grande taille, d'une élégance certaine et parfois bien sculpté.

Le vaisselier n'est d'abord qu'un simple rayonnage placé dans la «bassie». Par la suite, on lui ajoute une partie basse. Le vaisselier berrichon, plutôt simple, se rapproche de celui du Limousin.

Tables et sièges

La table berrichonne est sensiblement identique à celle des autres provinces : lourde, rectangulaire, reposant sur des pieds carrés. Mais on trouve aussi en Berry bon nombre de tables rondes, à plateau basculant reposant sur un piétement croisé en double X qui se replie.

Outre les habituels bancs, bancs coffres et escabelles à sel qui prennent ici le nom de «salignon», on trouve d'assez nombreux sièges paillés, recouverts de roseau ou de paille de seigle.

Lits et berceaux

Le lit à quenouilles est le plus répandu. Quatre colonnes soutiennent les courtines. Comme dans les provinces voisines, les colonnes du pied du lit deviendront, au fil des ans, plus courtes que celles du chevet. Le berceau est une nacelle suspendue à un piétement fixé par des anneaux de fer.

Blutoirs, pétrins et horloges

Très particulier au Berry «le blutoir» ou moulin à passer la farine est un meuble utilitaire que l'on trouve dans de nombreuses demeures paysannes. Le «blutoir» comprend deux parties : la partie haute en forme de coffre dans laquelle on mettait la farine et la partie basse, en forme de buffet à porte, dans lequel était installé un mécanisme servant à la tamiser.

Le pétrin ou maie abrite la pâte et le pain mais on y range aussi les provisions voire les ustensiles de la laiterie.

Dès le XVIIe siècle, l'horloge fera partie du mobilier des maisons prospères. Elle se généralisera lorsque viendront les colporteurs de la Forêt-Noire qui sillonneront la province en vendant des mécanismes. Au milieu du XIXe siècle, les caisses, d'abord droites et rigides, prendront des formes plus douces et violonées.

Blutoir ou moulin à passer la farine, chêne et fruitier, avec son mécanisme d'origine.
Probablement du XVIIIe. Meillant, Cher.

(Musée de Saint-Vic, Saint-Amand-Montrond.)

Bois et ferrures

La région, riche en forêts, produit de nombreuses essences : le merisier à la belle teinte brun rouge, le noyer clair utilisé pour les plus beaux meubles tandis que le chêne est réservé aux pièces qui se doivent d'être robustes, tels les coffres et pétrins.

Comme en Bretagne, on immerge le bois dans les rivières pendant un certain temps afin qu'il ne joue plus. Plusieurs bois peuvent être utilisés dans un même meuble.

Des ferrures ornent la plupart des meubles. Les entrées de serrures en S ou à motifs géométriques rehaussent les portes des meubles ou les tiroirs. Elles sont, dans l'ensemble, soigneusement découpées.

Coffre XVIIᵉ en chêne,
muni de poignées pour faciliter le déplacement.

(Musée de Saint-Vic, Saint-Amand-Montrond, Photo J. Simonin.)

Crédence en chêne, XVᵉ.
Couvent des Carmes à Saint-Amand.

(Musée de Saint-Vic, Saint-Amand-Montrond.)

Bonnetière à trois portes et un tiroir.
Rare exemplaire, chêne.
Nord du département du Cher, XVIIᵉ.

(Musée de Saint-Vic, Saint-Amand-Montrond.
Photo J. Simonin.)

Buffet deux corps à chapeau de gendarme.
Noyer et bois fruitier.
Probablement du XVIIIe.

(Musée de Saint-Vic, Saint-Amand-Montrond. Photo J. Simonin.)

*Maie à tiroir de Saint-Amand-Montrond.
Chêne, début XIXe.*

(Musée de Saint-Vic, Saint-Amand-Montrond.)

*Rare coffre à tiroir en chêne.
Plinthe ornée d'une rosace.
Région de Bourges, XIXe.*

(Musée de Saint-Vic, Saint-Amand-Montrond.)

Musées

18. BOURGES

Musée du Berry, 4-6, rue des Arènes.

36. CHÂTEAUROUX

Musée Bertrand, 2, rue Descente-des-Cordeliers.

18. SAINT-AMAND-MONTROND

Musée Saint-Vic, cours Manuel.

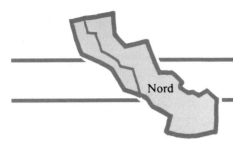

Nord

La Flandre

Ce chapitre, comme le suivant consacré à l'Artois et à la Picardie, intéresse la partie septentrionale de la France, chemin habituel des invasions militaires mais aussi commerciales et culturelles. Les guerres ont beaucoup mutilé cette région frontière dépourvue d'accidents naturels qui a été soumise à des influences diverses tout au long des siècles, l'histoire jouant son rôle à la fois dévastateur et fécondant.

La Flandre française correspond à la plus grande partie du département du Nord. Il faut distinguer la Flandre maritime, avec Calais et Dunkerque comme villes principales, de la Flandre intérieure, agricole et industrielle dominée par la trilogie Lille, Roubaix, Tourcoing.

La Flandre et la Renaissance

La Flandre fut l'un des plus beaux atouts de l'empire de Charles Quint, grand rival de François Ier. Sa richesse commerciale et industrielle se traduisit par l'éclosion d'un art majeur et décoratif particulièrement vivace qui féconda les esprits et les techniques à la fin de l'époque gothique et surtout à la Renaissance. Ses peintres, ses orfèvres, ses lissiers, ses tailleurs d'images rivalisèrent en cette période avec ceux de l'Italie et de la France.

Décor

La Renaissance est d'abord un état d'esprit dominé par le retour à l'antique, la

liberté retrouvée, une sensualité réapparue, longtemps cachée par l'ombre portée des cathédrales.

La sculpture constitue le procédé de décoration le plus employé non seulement pour orner les panneaux mais aussi pour donner forme aux pieds des sièges, tables, meubles de rangement ainsi qu'aux montants et extrémités des accotoirs. Les motifs sont empruntés au règne animal ou végétal, ou encore aux Ecritures – l'Ancien Testament plus souvent présent – mais surtout à la mythologie.

Ce décor se retrouve sur tous les meubles flamands – ou presque – non seulement de l'époque Renaissance mais bien après. Et si, pendant la Renaissance, ces meubles étaient réservés aux classes les plus aisées, les meubles plus modestes qui pénétrèrent ensuite dans les intérieurs bourgeois puis paysans s'en inspireront, d'une façon plus ou moins prononcée selon l'époque, mais aussi selon la fortune de leur propriétaire.

Crédences et cabinets

Les riches marchands aimaient s'entourer de beaux meubles, de somptueuses soieries et la Flandre fut l'un des centres de production importants du dressoir, buffet à gradin destiné à présenter les plats. Ce meuble deviendra par la suite meuble d'apparat où était exposée la vaisselle riche et précieuse et s'appellera crédence.

Autre meuble abondamment produit en Flandre à la Renaissance, le cabinet. Né en Italie, meuble de rangement doté d'une cavité centrale où s'étagent plusieurs rangs de tiroirs cachés ou non par deux vantaux, le cabinet est destiné à la garde des bijoux, objets précieux, documents commerciaux, juridiques, politiques et – moins souvent – galants. Orné de marbres, de pierres précieuses, doté d'une niche centrale en trompe-l'œil copiant les galeries de palais, enrichi de décors à la main des plus grands peintres, le cabinet connaît une vogue importante en Flandre qui les produit pour son propre usage mais en exporte aussi dans toute l'Europe.

Le ribbank

Exemple type de l'inspiration des riches meubles de la Renaissance, le ribbank est un fort bahut à la fois solide et cossu, à un ou deux corps, aux panneaux ornés de compartiments moulurés, aux corniches chargées de sculptures, à la façade quelquefois agrémentée de colonnes en bois tourné, de termes ou de cariatides et atlantes supportant de leurs épaules le meuble gardien de la richesse du foyer.

Si, aux XVIIe et XVIIIe siècles, le ribbank reste l'apanage des demeures aristocratiques ou bourgeoises, il prend sa place au XIXe siècle dans des maisons plus modestes tout en gardant la structure et les décors qu'il a revêtus au cours des siècles passés, la richesse de l'ornementation variant avec celle de ses commanditaires.

Dresches et archelles

Bien que le ribbank et les armoires, qui ne sont pas sans lui ressembler et dont on les distingue mal, pénètrent dans les fermes et dans les logis des artisans, ils sont moins courants que les dresches et archelles, meubles rustiques typiques de cette région.

La dresche ou dresse est un buffet bas à deux ou trois portes, quelquefois plus. En nombre pair, elles sont généralement symétriques; en nombre impair elles peuvent être séparées par un faux dormant. Il existe des modèles équipés de tiroirs en ceinture. D'une manière générale la dresche, cousine germaine de la traite picarde, est peu décorée. A peine quelques moulures, parfois de simples fleurs stylisées, sculptées, entaillées entre la ceinture et les panneaux des portes. Sa structure elle-même est plus légère que celle des autres meubles flamands et présente parfois un aspect Louis XV aux chantournures à peine esquissées, marque d'une influence française très atténuée.

La dresche, plaquée contre le mur principal de la pièce commune où l'on cuisine, où l'on mange et où l'on reçoit, est surmontée de l'archelle, étagère composée d'une corniche qui la fixe au mur et d'une tablette destinée à supporter divers objets et ustensiles; en dessous sont fixés des crochets auxquels sont suspendus pichets et autres récipients.

Paradoxalement, l'archelle porte un décor presque toujours plus abondant que la dresche qu'elle complète : décor apposé sur les consoles ou encore sur la corniche. Godrons, frises, semis de fleurs stylisées et rinceaux forment un treillis souvent très dense.

Sièges

La marque de la Renaissance est encore sensible dans les sièges flamands, même postérieurs au XIXe siècle, dans les intérieurs bourgeois ou aristocratiques : pieds balustres ou tournés, larges dossiers, sièges et dossiers garnis de velours et de cuir.

Des caractères du XVIIᵉ siècle persistent même au XVIIIᵉ où apparaît un siège au type plus accentué marqué par son dossier original composé de deux barres verticales, souvent chantournées, réunissant les traverses horizontales en haut et en bas, celle du haut étant très souvent sculptée, décorée, avec une profusion qui contraste avec le reste du siège.

On retrouve ces caractères dans des meubles d'esprit troubadour et néogothique qui n'hésitent pas à marier des styles aussi différents que le gothique et le Renaissance.

Dans les intérieurs paysans dominent les classiques escabeaux ou tabourets à trois ou quatre pieds ainsi que les habituels sièges paillés ou fauteuils dits «de grand-mère» que l'on rencontre dans de nombreuses régions de France.

Tables d'appui, tables d'appoint

Les tables utilisées en Flandre présentent une belle diversité. Nous ne nous attarderons pas sur les tables bourgeoises qui, comme les commodes, s'inspirent directement des modèles liégeois ou français.

Par contre, dans les intérieurs plus modestes, il existe différentes tables dont de nombreux modèles de petites tables d'appoint, généralement rondes, au plateau pliant et au piétement permettant un rangement facile.

Lits

Les lits ne présentent pas de caractère particulier et répondent aux styles en vigueur à l'époque de leur construction ou à celle qui la précéda.

A souligner la forme des berceaux, évoquant une nacelle soigneusement fermée pour protéger le bébé du froid et des courants d'air.

Essuie-mains, presses à lin, horloges

Avec la dresche et l'archelle, on trouve dans la salle commune l'essuie-main, appliqué contre le mur, composé d'une ou plusieurs tablettes soutenues par des consoles qui permettent également de fixer le rouleau de bois supportant la serviette. Ce meuble est l'objet de moins de soins que l'archelle.

Ce n'est pas le cas de la traditionnelle presse à lin qui permet de calandrer nappes et linge. Ce meuble se présente comme une table à double plateau posée sur un piétement, généralement en X pour lui assurer une bonne stabilité; le plateau supérieur, mobile, est actionné par une vis en bois. Ce meuble est souvent ouvragé lorsqu'il n'est pas simplement utilitaire et qu'il est exposé à la vue des visiteurs.

Les horloges, pour leur part, sont plus imposantes que les horloges normandes: gaîne plus ample, tête cintrée en son sommet et fréquemment couverte de décors abondants.

*Deux corps en chêne abondamment sculpté
dans le style de la Renaissance flamande.*

(Doc. Étude Enault et Macaigne, Valenciennes.)

*Buffet deux corps
en acajou massif XVIIIe.*

(Doc. Étude Girard, Dunkerque.)

*Deux corps à façade architecturale,
panneaux à pyramides tronquées,
pieds boules, colonnes en façade,
corniche droite. XVIIe.*

(Doc. Étude Sineau, Auxerre.)

Ribbank en chêne sculpté daté 1663.

(Doc. Étude Singer, Desbuisson, Lille.)

*...tite armoire à façade architecturale,
en chêne clair sculpté. XVIIe.*

...c. Étude Kohn, Bourg-en-Bresse.)

Buffet en chêne daté 1657.
XVIIe siècle.

(Doc. Étude Fournier, Rouen.)

Cabinet en bois noir, ouvrant à deux vantaux
découvrant un intérieur de neuf tiroirs,
vantaux en façade à décor
de paysages animés. XVIIe.

(Doc. Étude Briscadieu et Oger, Dumont.)

Bureau de pente en bois naturel,
abattant découvrant un casier garni
de niches et tiroirs,
décor d'une croix sur la niche centrale.
Fin du XVIIIe.

(Doc. Étude Singer, Desbuisson, Lille.)

Buffet desserte en bois
abondamment sculpté
dans l'esprit de la Renaissance.
Travail du XVIIe-XVIIIe.

(Doc. Étude Singer, Desbuisson, Lille.)

Musées

59. CASSEL

Musée d'art, d'histoire et de folklore, Grand-Place.

59. HAZEBROUCK

Musée municipal, place Georges-Degroote.

59. LILLE

Musée de l'hospice Comtesse, 32, rue de la Monnaie.

Chayère en chêne sculpté,
dosseret sculpté
d'un panneau à fenestrage
et rosaces à orbevoie sur les côtés
plis de parchemins. XVe.

(Doc. Étude Mercier, Velliet, Thullier.)

84

L'Artois et la Picardie

L'Artois, mitoyenne de la Flandre, épouse le Pas-de-Calais et englobe une partie du Nord. Lens et Arras comptent parmi ses plus grandes cités.

Le profil de la Picardie est plus difficile à calquer sur les découpages administratifs actuels. Elle regroupe une partie du Pas-de-Calais (arrondissements de Vervins et de Saint-Quentin), la Somme et en partie certains arrondissements de l'Oise dont ceux de Beauvais, Compiègne et Clermont.

Pour reprendre une description de 1781, «la Picardie en général se divise en Haute, Moyenne et Basse. La Haute-Picardie comprend la Thiérache et le Vermandois; la Moyenne, le comté d'Amiens avec le Santerre, et la Basse comprend le Vimeu, le Ponthieu, le Boulonnais et le Calaisis.» Ce dernier «pays» relève des Flandres pour le mobilier. A la fin du XVIIIᵉ siècle, cet ensemble constituait l'un des douze grands gouvernements de la France dont les principales cités étaient Amiens, Abbeville, Saint-Quentin, Saint-Valéry, Beauvais.

Nous avons regroupé les meubles artésiens et picards dans la mesure où ils sont de même type tout en gardant chacun leur originalité, une originalité paradoxalement née d'emprunts et d'influences. Géographie oblige, l'Artois doit beaucoup à la Flandre et la Picardie à l'Ile-de-France. En Thiérache, on appelle «meubles de la frontière» ceux qui ressemblent aux productions liégeoises ou champenoises. Il ne faut pas oublier que Saint-Omer recevait des meubles importés de Dunkerque par voie fluviale. Toutefois

une communauté de traditions, d'usages - avec toutes les exceptions engendrées par les particularismes locaux – a donné naissance à des meubles d'inspiration très proche.

La maison artésienne et picarde

Aussi bien en Artois qu'en Picardie, dans les milieux ruraux ou artisanaux, l'habitation compte le plus souvent deux pièces : la chambre, simple, sommaire même, est séparée de la pièce principale appelée «la maison» où est réuni l'essentiel du mobilier.

Armoires de la Renaissance, armoires dites de sacristie

L'armoire apparaît dans cette région dès le XVIᵉ siècle. Certains modèles se rattachent directement aux productions de la Renaissance ou du XVIIᵉ siècle, d'autres ont un caractère nettement plus «régional».

On distingue trois principaux modèles d'armoires : des armoires simples à un seul corps et quatre panneaux; des armoires à deux corps de largeur égale; des armoires à deux corps, le corps supérieur «en retrait», plus étroit et parfois moins large. La structure générale de l'armoire est fortement charpentée. Le piétement est constitué par les quatre montants, généralement simples et unis. Il arrive que les pieds soient décorés d'une acanthe ou prenne la forme d'une demi-sphère tournée. Le corps supérieur est couronné d'une corniche généralement droite située au-dessus d'une frise sculptée de motifs (rinceaux, chutes de fruits et de fleurs) qui rappellent ceux qui couvrent les dormants et les montants.

Ces armoires présentent une décoration inspirée de la Renaissance ou du XVIIe siècle : sculptures – animaux, végétaux, scènes religieuses ou mythologiques – ou motifs géométriques en semi haut-relief : losanges, hexagones, pointes de diamants.

Dans le Vermandois (Haute-Picardie) et en Thiérache on trouve un type d'armoire particulier à cinq portes : deux dans le bas, trois dans le haut, séparées par des tiroirs. Excepté ce dernier type de meuble, les autres armoires ne diffèrent pas des productions des grands centres.

Il n'en est pas de même des meubles dits de sacristie ou à cheminée, caractérisés par un fronton échancré ou brisé au centre, évoquant les façades d'édifices à pignon. Leur décor est abondant, le plus souvent inspiré de thèmes religieux qui leur ont donné leur nom. Des têtes d'anges, d'enfants, des cariatides soutiennent – en apparence – l'entablement qui marque le milieu du meuble. La niche disposée au centre de l'échancrure abrite quelquefois une statue de la Vierge. Sur certaines armoires, plus sobres, seule la frise est ainsi décorée. Si quelques-unes datent des XVIIe et XVIIIe siècles et meublaient les couvents ou les habitations les plus prospères, il en est de plus récentes, du XIXe siècle, au décor plus discret.

Le meuble de rangement principal de «la maison» est un buffet bas à plusieurs compartiments appelé dresche en Artois et traite en Picardie.

Dresches et traites

La dresche compte deux ou trois caissons fermés de vantaux ou, pour celui du centre, garni de tiroirs. D'une manière générale, la dresche présente un profil et un piétement droit ou galbé, des moulurations d'inspiration Régence, discrètes, et un décor floral ou géométrique, parfois mixte, plus ou moins accentué mais moins dense que le mobilier flamand.

La traite est beaucoup plus imposante : elle compte quatre, cinq et jusqu'à huit caissons à portes ou à tiroirs. Les tiroirs sur la dresche et sur la traite peuvent se situer également en ceinture entre le plateau et les panneaux de portes.

La traite est placée devant le mur le plus long de la pièce ; il n'est pas rare qu'elle soit fabriquée sur mesure pour utiliser la totalité de ce panneau. Sa fonction est multiple : conserver la nourriture, ranger la vaisselle, le linge, les papiers et objets précieux. Selon certaines hypothèses, ce meuble tirerait son nom du fait qu'à l'origine il servait à ranger les ustensiles, notamment les seaux et seilles nécessaires à la traite des vaches. Très souvent, les traites sont en bois fruitiers et présentent des profils soit de type Régence avec de légers galbes, et des décors moins prononcés que sur les dresches flamandes, soit de type Directoire, tout de lignes droites, de moulures rectilignes à décor de losanges et autres figures géométriques, rangs de perles, etc.

La dresche en Artois et la traite en Picardie sont surmontées d'une potière (Picardie) ou barre à pots (Artois) de longueur égale, qui remplit le même rôle que l'archelle flamande mais dont le décor est plus sobre, voire inexistant. Dans certains cas, des étagères sont fixées entre la potière et le plateau de la traite et composent ainsi une sorte de vaisselier.

Il existe enfin des modèles dont une des extrémités est équipée d'un corps d'horloge.

A Vignacourt, centre de production important, on exécutait également une traite «à retour sur la cheminée» formant près de celle-ci soit un meuble vitrine, soit un deux corps.

*Meuble composite à vocation utilitaire à la fois dresche et séage.
A un buffet bas composé de trois panneaux,
succède un élément évidé à deux étagères
avec galeries composées de colonnettes de bois tourné. XVIII*[e].

(Musée d'Arras. Doc. Trouvailles, photo Leroy.)

Séages

Cousin germain de la traite et de la dresche, le séage est à classer dans la famille des buffets bas : sa partie centrale est évidée et équipée d'étagères destinées à l'origine à poser les seaux. Cette niche centrale confère au meuble une légèreté qui lui donne un caractère décoratif indéniable. Appelé parfois banc de ménage, le séage, meuble à hauteur d'appui, est généralement plus haut en Artois qu'en Basse-Picardie. Comme les traites et les dresches, il est parfois surmonté de galeries-étagères. La partie pleine située au-dessus de la niche est souvent ornée de motifs décoratifs divers, généralement entaillés ou sculptés, étoiles, fleurs, etc.

Tables

Il existe plusieurs types de tables en Artois et en Picardie et certaines présentent un caractère très local. Pour mémoire, il

nous faut évoquer les tables de repas, généralement d'esprit Louis XIII ou plus simples encore à entretoise à double T donnant une bonne assise et une bonne stabilité, un modèle que l'on retrouve dans de nombreuses provinces. Parfois, la ceinture est agrémentée de tiroirs. Les pieds sont tournés ou droits selon l'époque ou la prospérité de la famille qui l'a commandée. Plus intéressantes sont les tables pliantes, rondes, de diverses dimensions au plateau rabattable et au piétement mobile, faciles à ranger contre un mur. Ainsi sont les tables à pain, tables à goûter, tables travailleuses...

On en distingue plusieurs types. En Basse-Picardie, le plus répandu est muni de trois pieds tournés obliques. Des systèmes de charnières permettent d'une part de faire pivoter un pied sur les deux autres, d'autre part et dans le même temps, de rabattre le plateau. Un autre modèle est équipé de quatre pieds, unis deux par deux : là aussi des systèmes de charnières permettent de rabattre une paire de pieds sur l'autre, libérant ainsi le plateau.

En Basse-Picardie, il n'est pas rare de rencontrer de petites tables à pieds cambrés d'esprit Régence ou Louis XV, quelquefois décorées sur la ceinture d'une feuille d'acanthe ou de la coquille rocaille. Il s'agit la plupart du temps de meubles bourgeois copiant les meubles parisiens. La table appelée table à pain en Haute-Picardie est tripode avec un plateau rond; entre les pieds et le plateau est fixée une tablette d'entretoise triangulaire destinée à recevoir le pain.

Plus rustiques, le pétrin et la maie sont rarement décorés.

Sièges : cadots et cayelles

Les sièges artésiens et picards diffèrent peu ou pas, si ce n'est par leur appellation, d'autres sièges couramment rencontrés dans les provinces septentrionales. Du tabouret et du banc-coffre aux fauteuils «bonne femme», rien de strictement local. Le fauteuil «bonne femme», robuste, vaste, équipé d'un haut dossier cintré destiné à le rendre plus confortable, souvent garni d'un coussin, est baptisé le cadot; les chaises paillées portent le nom de caielles ou cayelles.

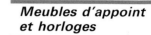

Meubles d'appoint et horloges

Bien entendu on retrouve en Artois et en Picardie bon nombre de meubles classiques : commodes, bureaux, tables de chevets, chiffonniers, etc., qui ne se distinguent pas des autres productions provinciales de ce type : absence totale – ou presque – de décor marqueté, travail d'ébénisterie sommaire, utilisation de bois naturels, très majoritairement locaux et copie tardive des productions parisiennes dans le domaine stylistique.

Les horloges échappent à cette banalisation. Avec leur gaine droite (avec ou sans socle), leur tête imposante surmontée d'une corniche le plus souvent cintrée, elles évoquent les modèles flamands, encore que leur décoration soit moins exubérante, plus discrète.

Citons pour mémoire quelques meubles d'appoint tels que l'étimier ou l'essuie-main qui ne présentent qu'un intérêt anecdotique.

 **Bois et ferrures dans le nord de la France**

La fréquence d'utilisation des différents bois a évolué au cours des siècles. Cependant, si certains sont totalement absents comme les résineux, on trouve des bois exotiques dans certains meubles du nord : ébène pour les cabinets flamands des XVIe et XVIIe siècles, acajou – bois de lestage récupéré sur les navires à Dunkerque ou à Calais – que les ébénistes employaient pour fabriquer des meubles de port.

Depuis l'origine, c'est le chêne, arbre roi des parties septentrionales de la France, qui domine dans les meubles flamands, artésiens et picards. L'orme et le hêtre ont été utilisés quelquefois dans les régions dites maritimes de la Somme et de l'Artois. La grande majorité des meubles du nord de la France – plus de 70 % – sont en chêne.

Autre grande famille de bois dont se servaient les charpentiers, menuisiers et artisans du cru : les fruitiers locaux dont le merisier, bois dominant pour les sièges exécutés après le XVIIIe siècle et pour les séages artésiens. Le noyer est rare : on le rencontre dans le sud de la Picardie et encore, occasionnellement.

Rarement décoratives, les ferrures sont en fer forgé, au volume discret. Dans les régions côtières, elles sont en cuivre comme parfois les boutons de tiroir à l'intérieur du pays.

*Armoire en chêne à pans coupés,
deux portes, deux tiroirs dans le bas. XVIIIᵉ.*

(Doc. Étude Loiseau, Schmitz, Saint-Germain-en-Laye.)

*Armoire en noyer à deux portes
et six panneaux sculptés.
Époque Régence.*

(Doc. Étude Osenat, Fontainebleau.)

Deux corps en chêne blond, façade galbée,
tiroirs en ceinture. XVIIIe.

Deux corps en chêne blond, façade galbée, tiroirs en ceinture. XVIIIe.

(Doc. Étude Osenat, Fontainebleau.)

*Dressoir en chêne découpé de panneaux,
la partie supérieure en retrait
à deux colonnes détachées
et à quatre vantaux
et un tiroir à la base.
Fin du XVIe - début du XVIIe
Boules rapportées et pieds
postérieurs entés. Fin XVIe - début du XVIIe.*

(Doc. Étude Cornette de Saint-Cyr, Paris.)

*Longue enfilade à six portes et deux tiroirs,
merisier mouluré. XIXe.*

(Doc. Étude Singer, Desbuisson, Lille.)

Pétrin
ou maie en chêne,
ferrure en fer,
panneaux moulurés
et sculptés
marque de menuisier
sur le panneau central
(J. de Palmet
à Lavaqueresse).
XVIIe.

*(Musée Centre de
Documentation de la Thiérache,
Vervins. Photo B. Vasseur.)*

Enfilade en chêne
à deux panneaux
entourant trois tiroirs.
XVIIIe.

(Doc. Étude Wemaëre, Fécamp.)

*Séage en merisier mouluré et sculpté,
motifs découpés néo-classiques
de vases balustres, urnes
et motifs néo-classiques.
Travail de la région de Boulogne. Début du XIXᵉ.*

(Doc. Étude Brunet, Tourcoing.)

*Enfilade «traite» à cinq panneaux
dont un rang de tiroirs,
travail en merisier. Début du XIXᵉ.*

(Doc. Étude Girard, Dunkerque.)

Musées

80. ABBEVILLE
Musée Boucher-de-Perthes, rue du Beffroi.

62. ARRAS
Musée, 22, rue Paul-Doumer.

80. DOULLENS
Musée Lombart, 7, rue du Musée.

62. SAINT-OMER
Musée Henri Dupuis, 9, rue Henri-Dupuis.

01. VERVINS
Musée - Centre de documentation de la Thiérache,
3-5, rue du Traité-de-Paix.

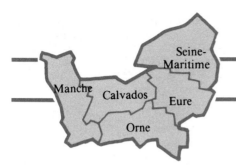

La Normandie

C'est en Normandie que l'on trouve le plus ancien meuble régional connu : une armoire de sacristie du XIIIᵉ siècle conservée à la cathédrale de Bayeux.

Région prospère, reliée à Paris par la voie fluviale, la Normandie a produit, de bonne heure, un mobilier de qualité. Il faudra néanmoins attendre le XVIIᵉ siècle pour que se développe un style véritablement normand. Le XVIIIᵉ siècle marquera l'apogée du mobilier normand avec des pièces parfois très raffinées, «presque aristocratiques dans les hautes classes rurales», ainsi que l'indique un ouvrage des Musées nationaux.

En effet, à la mort de Louis XIV, délivrés des contraintes de la Cour, les seigneurs passent plus de temps sur leurs terres. Ils y apportent les modèles des ébénistes parisiens qui inspirent désormais les artisans locaux.

D'importantes disparités subsistent cependant selon les régions. La Haute-Normandie, autour de la basse vallée de la Seine, est entièrement tournée vers Rouen. Elle est particulièrement sensible aux influences parisiennes. Elle comprend le pays de Caux, le Rouennais, le Vexin, le pays d'Ouche et le pays d'Auge, ce dernier à cheval entre la Haute et la Basse-Normandie.

La Basse-Normandie, moins ouverte sur l'extérieur, regroupe les régions d'Alençon, de Bayeux et de Caen et la presqu'île du Cotentin, très excentrée. Le mobilier, à l'exception de la région caennaise, y est plus sobre, avec des lignes plus strictes et plus massives.

La Haute-Normandie

Paris est tout proche et les échanges nombreux. L'ébénisterie s'y développe, largement inspirée par les modèles parisiens qui y sont adoptés mais aussi modifiés. Repris avec plusieurs décennies de retard, les styles Louis XV et Louis XVI se mélangent harmonieusement dans un même meuble. L'exécution fait montre d'un haut degré de technicité et la sculpture d'une grande habileté.

Le meuble haut-normand s'affine très tôt et l'ornementation adopte, de bonne heure, la ligne courbe et la volute alors que le décor reste naïf et populaire. Au village, un seul homme réalise le bâti et la décoration tandis que dans les ateliers urbains apparaît la division du travail, la sculpture étant confiée à un compagnon spécialisé.

C'est au pays de Caux que le meuble haut-normand atteint le faîte de sa splendeur, là qu'il est le plus élégant, là aussi que la décoration va se montrer la plus exubérante et l'ébénisterie la plus soignée.

Dans la région de Rouen et dans l'Eure, l'ornementation sera plus sage. Dans le pays de Bray, aux confins de la Picardie, le mobilier reste fruste, soumis aux influences des huchiers du nord de la France.

Apparus avec retard, les grands styles du XVIIIe siècle vont rester à l'honneur au début du XIXe et les meubles normands garder leur perfection et leur caractère propre. Dès la Restauration cependant, s'amorce la décadence en même temps qu'apparaissent les premières machines. Là encore, la proximité de la capitale va jouer un rôle d'accélérateur et les artisans fermeront boutique à mesure que se développera la production en série.

La Basse-Normandie

Moins soumise aux influences parisiennes, la Basse-Normandie a produit un mobilier plus rustique où domine la ligne droite.

L'ornementation y est moins chargée sauf dans la région de Caen où elle reste opulente. L'apport des grands styles du XVIIIe y est traité de façon plus simple, la sculpture s'y fait plus rare et plus plate même si elle témoigne d'une exécution parfaite. Le meuble, plus massif dans l'ensemble, y garde toutefois d'élégantes proportions.

Moins soucieux d'imiter — ils ont du reste peu de contacts avec l'extérieur — les artisans locaux font preuve de plus d'originalité et certains meubles comme le faux-pallier ou l'écuellier n'existent nulle part ailleurs.

Dans le Cotentin, particulièrement isolé, la décadence du meuble normand intervient plus tardivement. C'est ainsi que la région de Cherbourg connaîtra encore une période d'intense activité sous la Restauration.

Enfin, dans les pays limitrophes, on peu déceler une certaine parenté avec la Bretagne.

La ferme normande

Selon que l'on se trouve en Basse ou en Haute-Normandie, on se trouve en présence de deux types d'habitation bien différents. En Haute-Normandie, où la pierre manque, la maison à colombages prédomine, avec sa charpente en bois et son torchis, mélange de terre grasse et de paille hachée. Le toit, en chaume, est incliné, la demeure haute de plafond.

En Basse-Normandie, la pierre est abondante et la maçonnerie l'emporte. La maison est plus basse et le toit, parfois, recouvert de pierres plates.

La ferme normande ne comprend habituellement qu'un rez-de-chaussée formé d'une salle commune et d'une ou deux chambres contiguës. Le sol est en terre battue ou parfois carrelé, les murs blanchis à la chaux. La façade s'ouvre généralement au midi. A l'opposé, une cheminée large et profonde dans laquelle plusieurs personnes peuvent prendre place.

A gauche ou à droite de la cheminée, un buffet, un vaisselier, une horloge... La table accompagnée des bancs occupe le centre ou un côté de la pièce. Quelques sièges paillés complètent l'ensemble.

Dans les chambres, quand il y en a, le mobilier est extrêmement sommaire. Outre les lits, quelques coffres. L'armoire, meuble d'apparat qui contient toutes les richesses de la famille, est plus souvent placée dans la chambre que dans la salle commune.

Structure

Les meubles de Haute-Normandie sont, dans l'ensemble, d'assez grande taille. Si le bâti reste architectural avec des lignes le plus souvent droites et des montants verticaux, courbes et contre-courbes sont abondantes sur les corniches, les vantaux, les traverses.

En Basse-Normandie, le mobilier est généralement de dimensions plus restreintes. D'apparence plus robuste aussi, il adopte souvent des lignes droites. Les corniches, toujours débordantes, sont moins importantes. Les arêtes des meubles sont vives, avec parfois des colonnes aux angles. Dans certaines régions, les panneaux ne présentent aucun décor. C'est le cas des armoires de Granville auxquelles on a donné pour cette raison le nom d'armoires «à glace». Les tiroirs, presque absents en Haute-Normandie, sont ici beaucoup plus nombreux, surtout dans le Cotentin.

Motifs décoratifs

Plus la famille est prospère, plus le décor est abondant. Ainsi commande-t-on au menuisier une «armoire à une rose» si l'on est modeste ou une «armoire à cinq roses» si l'on est riche.

En Haute-Normandie, les motifs décoratifs sont extrêmement variés. Les artisans font preuve d'une grande fantaisie et leur imagination est sans bornes. Ils présentent souvent plusieurs dessins au choix du futur propriétaire.

Inspirés directement des grands styles du XVIIIe siècle, les motifs classiques sont les coquilles et rocailles Louis XV et, surtout, les guirlandes, les perles, les vases fleuris Louis XVI, sans compter la feuille d'acanthe, largement représentée.

On trouve aussi des motifs symboliques, inspirés par la vie rurale : épis, gerbes, charrue, fléau, faucille, fleurs, fruits...; par la vie familiale ou l'amour conjugal : tourterelles se becquetant, flèches, carquois, cœurs...

Ils évoquent parfois la musique ou les arts, quelquefois les métiers, rarement la mer ou la pêche. Enfin, avec la Révolution apparaîtront quelques bonnets phrygiens.

Certains motifs, purement locaux, sont inspirés par la faïence de Rouen : décor «à la corne», œillets.

Le pélican symbolise le dévouement paternel, qui assure la cohésion et la survie de la famille. C'est un motif parfois en fort relief, très caractéristique, situé au fronton des armoires et des buffets. Il est quelquefois sculpté à cheval sur les vantaux. D'abord motif en forme de feuilles d'acanthe, il prend plus tard l'aspect d'un couple de colombes, surtout dans le pays de Caux, ou d'une corbeille fleurie.

Les médaillons, ovales ou ronds, se retrouvent sur les vantaux des armoires et des buffets. Ils servent de supports à la décoration et certains seront l'œuvre de sculpteurs de grand talent.

On retrouve souvent les mêmes décors en Basse-Normandie. Toutefois, les bouquets remplacent souvent les colombes sur les «pélicans». Les vantaux de certains meubles sont lisses et sans médaillons.

Les motifs floraux, la rose en particulier, dominent. Raisins, grappes et sarments rappellent que la vigne était autrefois cultivée à cette latitude. Absence totale par contre de la pomme et du pommier qui n'ont guère inspiré les sculpteurs.

Coffres

Avec l'apparition de l'armoire, le coffre s'effacera peu à peu, sauf chez les plus pauvres. Lorsqu'il est abandonné, il est démonté et le bois réutilisé pour les parties non visibles d'autres meubles. Parfois aussi, il finit à l'étable où il sert d'auge. Paradoxalement, cet exil le sauvera souvent de la destruction.

Armoires et bonnetières

L'expression «armoire normande» est passée dans le langage courant même lorsqu'il s'agit d'un meuble d'une autre provenance.

Ce meuble traditionnel, très répandu à partir du XVIIIᵉ siècle, connaît son apogée sous Louis XVI. Apportée en dot par la mariée, en même temps que son trousseau, l'armoire possède à la fois une charge affective en même temps qu'elle symbolise la richesse familiale. C'est, en somme, la corbeille de la mariée.

En Haute-Normandie, l'armoire est volumineuse et dans le pays de Caux, elle est richement sculptée, parfois jusqu'à l'outrance, avec un bouquet «en pélican» très raffiné et une corniche en «chapeau de gendarme». Les traverses sont abondamment décorées et les pieds galbés. Sur les moulures et aux angles du meuble, des motifs répétés, guirlandes ou festons, appelés «vis sans fin».

Dans l'Eure, le décor perd de son exubérance, la traverse inférieure et les pieds peuvent être rectilignes. Dans le pays de Bray, l'armoire est beaucoup plus sobre.

En Basse-Normandie, elle est souvent plus petite. Les régions de Caen et de Bayeux ont produit des modèles d'une grande élégance, délicatement ouvragés, très équilibrés et sans surcharge ornementale.

Dans le bocage, les armoires sont fleuries et la sculpture moins abondante. Les armoires du Cotentin, notamment de Granville et de Cherbourg, se distinguent par des panneaux lisses, un bâti rectiligne et des tiroirs plus nombreux.

La bonnetière ou «coiffière» apparaît à la fin du XVIIIᵉ siècle. Bien que née en pays de Caux, elle se développe plutôt en Basse-Normandie. Elle comprend en général une partie haute destinée à recevoir la coiffe toute montée et une partie basse à plusieurs tiroirs pour les coiffes non montées.

Dans la région cauchoise, par exemple, où le bonnet est de grande taille, la partie supérieure du meuble est importante. En revanche, dans la région d'Évreux où la coiffe est plate et peut être facilement rangée dans un simple tiroir, ce meuble est pratiquement absent.

Buffets

Le buffet à un corps est antérieur au buffet à deux corps. Il se développe surtout en Basse-Normandie et dans le pays de Bray. On le trouve rarement en pays de Caux. Il comporte le plus souvent deux portes et trois tiroirs. Le bâti est rectiligne et le meuble peu décoré; la traverse inférieure et les pieds sont souvent contournés. Le buffet à un corps est la commode du pauvre. Il remplace l'armoire et contient plutôt des hardes que de la vaisselle.

Le buffet à deux corps comprend deux parties qui peuvent se superposer exactement ou, au contraire, une partie inférieure massive surmontée d'un haut en retrait, plus étroit et plus élancé. Le buffet peut être richement ornementé dans sa partie haute. C'est le cas en pays de Caux.

Le buffet vitré, fréquent en Normandie, met en valeur les faïences et les cuivres.

Vaisseliers et paliers

Le vaisselier prend en Normandie le nom de palier. Il en existe plusieurs sortes.

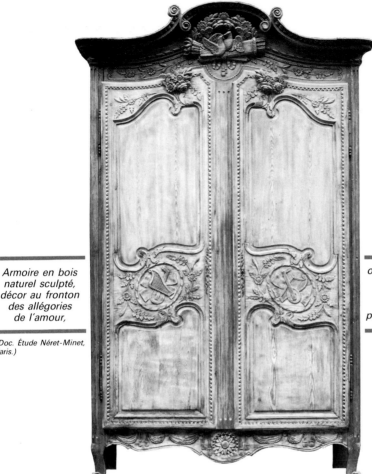

Armoire en bois naturel sculpté, décor au fronton des allégories de l'amour,

(Doc. Étude Néret-Minet, Paris.)

oiseaux se becquetant et sur les panneaux des attributs de la musique, pieds volutes à sabots.

Achat d'une armoire normande au XIXᵉ siècle

L'armoire normande, véritable corbeille de mariage, était achetée en grande pompe. Au jour dit, parents et fiancés se rendaient à la ville, chez l'ébéniste.

Le marchand commençait par leur offrir à dîner. Puis, lorsque l'on était bien échauffé, l'ébéniste-sculpteur présentait ses modèles. Le prix s'établissait selon la richesse de la décoration et le nombre de «roses». On sait, par exemple, qu'un maître-menuisier de Coutances a exécuté en 1853 une armoire à dix roses pour la somme de dix pistoles et cinq écus.

Lorsque dans une même famille il y avait plusieurs filles, on essayait de maintenir entre elles une parfaite égalité. Alors, non seulement le trousseau comprenait le même nombre de pièces de lingerie mais les armoires aussi présentaient un décor identique. Ainsi, dans certaines familles, trouve-t-on aujourd'hui des séries d'armoires parfaitement semblables.

Souvent la fiancée apportait aussi le lit, tandis que le promis, le «brumant», faisait son affaire de l'horloge de parquet et du buffet. Cette tradition s'est maintenue jusqu'au second Empire.

C'est, en général, un meuble plus petit que le buffet à deux corps, dont la partie haute en retrait est composée de plusieurs étagères en galerie.

Lorsque le vaisselier ne comprend pas de partie inférieure et qu'il repose directement sur le sol ou sur un égouttoir, il prend le nom de faux palier. Dans le Cotentin, le vaisselier est associé à un garde-manger fermé par un panneau métallique ajouré pour assurer l'aération des aliments. On l'appelle alors l'écuelle. Le palier est plutôt un meuble raffiné permettant d'exposer la vaisselle décorative, tandis que le faux palier est strictement utilitaire.

Tables et sièges

La table normande n'offre rien de particulier. C'est un meuble simplement utilitaire. Généralement lourde, avec un plateau épais, elle est de grande taille et possède parfois des rallonges afin d'accueillir une maisonnée nombreuse.

Le siège le plus répandu est le banc. Les bancs de table sont de même longueur que la table qu'ils accompagnent. Fort simples, ils ne possèdent généralement pas de dossier. Les bancs d'âtre, au contraire, en sont généralement équipés mais n'ont quelquefois qu'un seul accoudoir. Ils sont alors disposés contre le mur, perpendiculairement au foyer. Le salin est un petit banc-coffre abritant la provision de sel.

Les chaises et fauteuils paillés se retrouvent en assez grand nombre. Les modèles sont variés et largement inspirés par ceux d'autres régions si bien qu'il est difficile de les répertorier. Les fauteuils «à la capucine» sont les plus caractéristiques avec un mélange de Louis XV pour le dossier et de Louis XVI pour le piétement.

Le dossier est le plus souvent haut, mouvementé, avec plusieurs traverses et des bras en léger retrait, parfois garnis de manchons rembourrés. Le piétement à barreaux et à pieds tournés est droit. Le paillage est soit en roseau, soit en paille de seigle. Dans l'ensemble, les sièges de Haute-Normandie sont plus fins et plus raffinés et ceux de Basse-Normandie plus droits et plus robustes.

Lits

Le lit occupe généralement un angle de la pièce. Les lits clos sont peu nombreux, les lits mi-clos fermés par des courtines plus fréquents. Ces courtines sont en toile du pays, indiennes flamées de la région de Rouen ou «siamoises» à motifs bleus et blancs. Il existe aussi des lits découverts.

Dans l'ensemble peu décorés, les lits sont assez élevés; on y accède par une marche.

Horloges

Ce meuble, qui n'est pas d'origine normande, tient cependant une place essentielle dans la demeure paysanne. Il apparaît au XVIIIe siècle et se généralise au XIXe. L'horloge normande prend place dans la salle commune. Il en existe de plusieurs sortes. La plupart toutefois sont de type Louis XVI, rectilignes, plutôt étroites.

Au pays de Caux, dans la région de Saint-Nicolas d'Aliermont, les horloges dites «à corbeille» possèdent une «tête» plus large que la gaine décorée de fleurs et de rinceaux.

Dans la Manche et le Calvados prédomine un type dit «demoiselle» marqué par un étranglement au milieu de la boîte. Il en existe aussi de forme trapézoïdale, dite «cercueil».

Les mouvements sont souvent d'origine étrangère, surtout du Jura. Dieppe et Saint-Nicolas d'Aliermont, cependant, en ont fabriqué quelques-uns.

Pétrins et commodes

La maie et le pétrin, meubles strictement utilitaires, sont rarement décorés.

Les commodes sont rares et souvent moins soignées que les autres meubles. Les verriers sont des étagères suspendues où l'on range les verres. Enfin, l'importance de l'industrie laitière en Normandie fait que certains ustensiles, comme les «laiteries» et les barattes, ont, dans cette province, le caractère de véritables meubles.

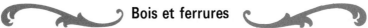

Bois et ferrures

Le bois le plus souvent employé est le chêne. On utilise le chêne «merrain», fendu et non scié, bois de qualité qui permet la taille de panneaux d'une grande finesse, à l'aspect moiré. Lorsque le bois est plus noueux, on est obligé de le travailler en épaisseur. C'est le cas du chêne importé de Prusse, au grain plus serré, que les ébénistes choisissent de préférence pour les motifs sculptés. C'est un bois d'arrimage, servant à caler la cargaison au fond du navire et qui est parfois vendu au profit de l'équipage.

Plus tard, le chêne renchérissant, on cherchera des bois de remplacement dont le merisier. Dans le sud du département de la Manche et dans l'Orne, il est souvent employé, notamment pour la fabrication des horloges. Le noyer qui pousse un peu partout est également d'un usage fréquent. En Basse-Normandie, on trouve aussi le poirier, parfois l'orme. Le pin sera largement utilisé à partir de la fin du XVIIIe siècle. Il vient des pays nordiques et servira pour les meubles les plus simples.

Comme en Bretagne, l'acajou va de pair avec le commerce maritime. Il est très apprécié dans la région de Granville où, lorsqu'il manque, on fonce et on cire le chêne afin de lui donner la même patine. On trouve aussi parfois le palissandre.

Les ferrures et garnitures en cuivre sont peu importantes en Haute-Normandie, particulièrement plates et de dimensions modestes dans le pays de Caux.

En Basse-Normandie où se trouvent d'importants centres de production comme Tinchebray, Mortain, Villedieu, Granville, les entrées de serrures et les garnitures métalliques tiennent une grande place, notamment dans les régions de Caen et de Cherbourg : elles garnissent parfois toute la hauteur des portes.

Coffre en chêne XVIIe
richement sculpté de nombreux personnages.

(Musée de Martainville.)

Coffre en chêne sculpté de motifs floraux
et personnages en façade. XVIIe.

(Doc. Étude Loiseau, Schmitz.)

*Armoire en pitchpin à deux portes,
panneaux et fronton sculptés de corbeilles fleuries,
fleurs stylisées, instruments de musique. XVIIIᵉ.*

(Doc. Étude Girard, Dunkerque et Valembois, Calais.)

*Armoire à deux portes en chêne sculpté
de décors néo-classiques, corbeilles fleuries,
guirlandes et rinceaux.
Fin du XVIIIᵉ.*

(Doc. Étude Poulain, Avranches.)

*Armoire de mariage en bois naturel
sculpté de paniers fleuris. XVIIIᵉ.*

(Doc. Étude Delavenne, Lafarge, Paris.)

*Armoire en chêne mouluré
et sculpté de motifs floraux,
d'inspiration Louis XV
ou Louis XVI néo-classiques.*

(Doc. Étude Mabille-Vankemmel, Le Havre.)

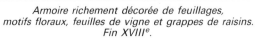

Armoire richement décorée de feuillages,
motifs floraux, feuilles de vigne et grappes de raisins.
Fin XVIIIe.

(Musée de Martainville.)

Buffet deux corps, corps supérieur en retrait,
sapin mouluré et sculpté
de motifs floraux et oiseaux.
Pays de Caux.

(Doc. Étude Martinot, Savignat, Pontoise.)

Buffet deux corps en chêne sculpté.

(Doc. Étude Mabille-Vankemmel, Le Havre.)

Vaisselier dit «faux-palier».
Pays de Caux, début XIXe.

(*Musée municipal de Fécamp, Photo C. Héry.*)

Buffet bas en chêne,
deux tiroirs dans
la traverse supérieure,
deux portes à un panneau,
faux-dormant à cannelures,
rosace sculptée
dans la traverse inférieure.
Travail de la Manche. XIXe.

(Doc. Étude Poulain, Avranches.)

Buffet bas à deux portes,
décor en ceinture et sur les panneaux
et sur le tiroir de motifs floraux stylisés.

(Doc. Étude Wemaëre, Fécamp.)

Semainier-chiffonnier
en chêne moul019é.
Haute-Normandie. XVIIIe.

(Doc. Étude Cousin, les Andelys.)

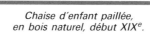

Chaise d'enfant paillée,
en bois naturel, début XIXe.

(Musée municipal de Fécamp. Photo C. Héry.)

Tabouret à sel dit salin.
Pays de Caux, fin XVIIIe.

(Musée municipal de Fécamp. Photo C. Héry.)

Horloge de parquet,
caisse en bois naturel
sculpté, étroite. XVIIIe.

(Doc. Étude Girard, Dunkerque
et Valembois, Calais.)

Chaise de «commodité», XVIIIe.

(Musée municipal de Fécamp. Photo C. Héry.)

Horloge à gaine étroite.
Travail de
Saint-Nicolas d'Aliermont.

(Doc. Étude Wemaëre, Fécamp.)

Musées

50. AVRANCHES

Musée de l'Avranchin, place Jean-de-Saint-Avit.

50. BERNAY

Musée municipal, place Guillaume-de-Volpiano.

Musée de la vie de province au XIXe siècle,
15, rue Gaston-Folloppe.

50. BRICQUEBEC

Musée du Vieux-Bricquebec, Vieux-Château.

14. CAEN

Musée de Normandie, Logis des Gouverneurs,
Château.

50. CERISY-LA-FORÊT

Musée de l'Abbaye, à côté de l'église.

14. CLÉCY

Musée d'antiquités normandes, Manoir du Placy.

76. FÉCAMP

Musée municipal, 21, rue Alexandre-Legros.

61. FLERS

Musée du Bocage Normand, Château.

50. GRANVILLE

Musée du Vieux-Granville, 2, rue Lecarpentier.

14. HONFLEUR

Musée du Vieux-Honfleur,
8, rue de la Prison et quai Saint-Etienne.

50. LA GLACERIE

Musée de l'habitat du Cotentin, Hameau Luce.

76. LILLEBONNE

Musée municipal, jardin Jean-Rostand,
7, rue Victor-Hugo.

50. LOUVIERS

Musée municipal, place Ernest-Thorel.

76. MARTAINVILLE-ÉPREVILLE

Musée normand d'art et de traditions, Château.

76. NEUFCHÂTEL-EN-BRAY

Musée Mathon-Durand, Grande-rue Saint-Pierre.

61. SAINT-CYR-LA-ROSIÈRE

Musée des arts et traditions populaires du Perche.
Prieuré de Sainte-Gauburge-de-la-Coudre.

50. SAINTE-MÈRE-ÉGLISE

Musée de la ferme du Cotentin, ferme de Beauvais.

61. TINCHEBRAY

Musée-Prison Royale.

50. VILLEDIEU-LES-POÊLES

Musée du meuble normand, 9, rue du Reculé.

14. VIRE

Musée municipal, 4, place Sainte-Anne.

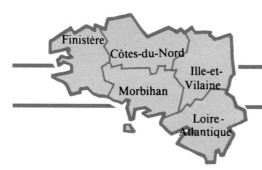

La Bretagne

Nulle part, le mobilier régional n'est homogène. En Bretagne moins qu'ailleurs. Ici, on se trouve, en effet, en présence de deux régions bien distinctes : la Basse-Bretagne, pays du parler ancestral et la Haute-Bretagne ou pays Gallo, celui du parler français.

La première s'étend à l'ouest d'une ligne allant, en gros, de Saint-Brieuc à Guérande. Elle est restée longtemps pauvre, difficile d'accès, fermée aux influences extérieures, ne s'ouvrant à ces dernières que par ses ports. La Basse-Bretagne comprend, sur la côte septentrionale le Trégor, le Goëlo, le Léon. Sur la côte méridionale la Cornouaille, le Pays bigouden, le Browerok et le Vannetais.

La Haute-Bretagne comprend toute la partie orientale de la province ainsi que les métropoles importantes : Saint-Malo, Rennes, Nantes. Là, les influences ont été beaucoup plus nombreuses, venant de Normandie, du Maine, de l'Anjou, de la Vendée.

Il faut donc diviser le mobilier breton en deux grands types : Basse-Bretagne et Haute-Bretagne sans compter quelques cas très particuliers comme les meubles de ports ou ceux de la presqu'île guérandaise.

La Basse-Bretagne

C'est en Basse-Bretagne que l'on trouve le véritable mobilier breton. C'est là qu'il exprime le mieux l'âme paysanne, là qu'il est le plus caractéristique de l'art populaire, là aussi qu'il s'est le mieux conservé. Jusqu'à une période récente, en effet, les intérieurs n'avaient guère changé. Le pays est resté à l'écart des grandes voies de communication et le chemin de fer n'y pénètre qu'en 1858.

Hormis quelques coffres et armoires du début du XVIIIe siècle, l'essentiel du mobilier breton date de la fin du XVIIIe et surtout du XIXe siècle.

Jusqu'à la Révolution, les conditions de vie de la population sont extrêmement dures, les intérieurs frustes et le mobilier réduit à l'essentiel. Au XIXe siècle, au contraire, va s'établir une relative prospérité et les paysans vont, alors, prêter plus d'attention à leurs meubles, qui restent cependant strictement utilitaires. Parfois, on demande au menuisier du village un simple bâti que l'on sculpte à la veillée, mais la plupart du temps on fait travailler d'excellents artisans, dont certains viennent à domicile.

Cet essor va durer tout au long du XIXe siècle et se prolonger jusqu'à la Première Guerre mondiale. Au-delà apparaissent des copies pâles et figées, souvent alourdies par une iconographie folklorique d'un goût discutable. Ce sont des «biniou-series» que l'on trouve souvent, aujourd'hui, chez les brocanteurs. Elles n'ont rien à voir avec la production originale. Il convient de s'en méfier.

La ferme bretonne

La ferme bretonne traditionnelle ne possède qu'une ou deux pièces. Elle se compose d'un rez-de-chaussée dont le sol est en terre battue, les murs passés à la chaux, le plafond à solives apparentes. Une échelle donne accès au grenier.

Dans cet espace restreint se déroule la vie quotidienne : on y travaille, on y prend ses repas, on s'y repose. La pièce est basse, avec de petites ouvertures, situées au sud. Les autres côtés sont souvent aveugles afin de se défendre contre l'humidité et le vent.

Au fond de la pièce, la cheminée est souvent de grande taille. C'est autour d'elle que va s'organiser tout le mobilier.

Du côté de la façade, celui des ouvertures, il y a la table et les bancs, placés presque toujours perpendiculairement à la fenêtre.

Le long des murs s'aligne sans discontinuité le reste du mobilier. Lits clos, armoires, buffets, pendules se succèdent ainsi, formant une véritable boiserie autour de la pièce, selon un procédé analogue à celui des éléments de nos ensembles contemporains.

Structure

Le mobilier bas-breton présente une double caractéristique. Quelle que soit la région étudiée, chaque type de meuble est toujours très proche dans sa conception, similaire dans sa structure, identique dans la façon, très particulière, dont il est disposé dans la maison.

Par contre, les décors et motifs d'ornementation changent sensiblement d'un endroit à l'autre. Ainsi, les meubles du Léon ou du Pays bigouden se différencient-ils nettement de ceux du Browerok ou du Vannetais.

Le meuble bas-breton est droit, massif, avec des pieds carrés. Robuste, rectiligne, presque géométrique, il n'est décoré que sur la façade et la corniche est le plus souvent absente. Ces caractéristiques découlent de l'organisation de la pièce principale où les meubles sont accolés les uns aux autres.

Motifs décoratifs

La grande variété des motifs décoratifs et leur extraordinaire exubérance rendent difficile l'analyse de l'ornementation. Certains thèmes se retrouvent partout, d'autres seulement dans un périmètre restreint.

A l'ornementation géométrique naïve et très simple s'ajoutent les symboles s'inspirant de ceux qui décorent les poteries et bijoux trouvés dans les sépultures celtes, symboles communs, du reste, aux Bretons, aux Irlandais et à certains peuples nordiques. Rosaces, spirales, swastikas, zigzag, entrelacs... se mêlent en de savantes et élégantes combinaisons. Celles-ci seront bientôt exécutées au compas. Les orne-

ments celtiques sont particulièrement abondants dans le Vannetais.

Grappes de raisin, feuilles de fougères, lierre, les motifs floraux populaires se retrouvent partout, associés ou non aux oiseaux affrontés, aux colombes.

Les symboles religieux ont été, semble-t-il, introduits par des artisans italiens venus participer à la décoration des églises. On les trouve partout mais ils sont particulièrement nombreux dans le Léon et le Pays bigouden sous forme de croix, ostensoirs, calice, monogrammes du Christ.

Les représentations humaines sont peu nombreuses. On les trouve surtout sur les coffres de mariée où la bénédiction nuptiale est parfois représentée.

Contrairement à une opinion largement répandue, les «fuseaux» ne sont pas originaires de la région. Il y a plus de cent ans qu'ils ont vu le jour, sous Henri II, lorsque les artisans bretons commencent à s'en servir. Ils en feront, il est vrai, largement usage. Traités de façon souvent originale, les fuseaux vont orner la façade des lits clos et les bords des vaisseliers. On les dispose en frise ou en rosace.

Les «gâteaux», séries de cercles concentriques, sont beaucoup plus caractéristiques. Ils apparaissent au milieu du XVIᵉ siècle. On les retrouve partout, traités en creux ou en relief.

Introduit, sans doute, par des artisans italiens, l'emploi de la marqueterie est restreint. Par contre, le cloutage en fer forgé ou en cuivre est abondamment utilisé, seul ou pour souligner un motif gravé.

Coffres

Le coffre est un meuble essentiel dans le mobilier breton. Il se déplace et il sert à tout : tour à tour resserre, table, banc, garde-robe ou garde-manger.

On trouve surtout deux sortes de coffres : le «grimoliou» ou coffre à grains, de très grande taille – il peut parfois atteindre trois mètres de long – présente souvent un couvercle bombé.

L'«archiou», de dimensions plus raisonnables, abrite la vaisselle ou le linge. Le couvercle est généralement plat et sert de siège.

Le coffre de mariée, enfin, très beau meuble traditionnel, est souvent décoré du portrait des deux époux.

Armoires et presses à lin

L'armoire ou «armel» procède du coffre auquel elle succède. Elle se présente tout d'abord sous la forme d'un meuble hybride à quatre portes, composé de deux sortes de bahuts superposés, puis évoluera vers un modèle plus classique à deux grands vantaux. L'aménagement est simple : peu de tiroirs et la partie basse parfois en forme de coffre.

L'armoire est un meuble important. Comme le coffre, elle est parfois apportée en dot par la mariée et sa décoration peut être très raffinée. Certaines armoires sont ornées de «gâteaux», d'autres d'oiseaux, de cœurs, de motifs religieux, d'autres encore sont rehaussées de clous de cuivre.

La presse à lin est un meuble très ancien et typique de la Bretagne, grande productrice de lin. Née du coffre et de l'armoire, sa partie inférieure abrite le lin brut, sa partie supérieure la toile et le rouet. La décoration des presses à lin est d'une grande sobriété.

Buffets et vaisseliers

Meubles d'origine bourgeoise, les buffets et vaisseliers apparaissent tardivement dans les fermes. Auparavant, on disposait la vaisselle sur de simples étagères tandis que les provisions trouvaient place dans la table-coffre. Les buffets et les vaisseliers sont souvent très décorés : feuillages, motifs celtiques, oiseaux...

Le buffet peut être complété par un banc, «trustel», avec lequel il fait corps comme on l'a vu plus haut. Le buffet-vaisselier permet d'assurer les deux usages en un seul meuble.

Tables et sièges

En Basse-Bretagne, la table, «taol» en breton, est un meuble hybride. Elle sert aussi de coffre, de garde-manger, de huche à pain. On ne s'y attable pas car la partie inférieure, ventrue, ne permet pas de loger les jambes. Chacun tient son écuelle sur ses genoux ou à la main. La table est munie d'un plateau coulissant ou d'un couvercle que l'on soulève.

De chaque côté de la table, des bancs. Ils sont de plusieurs sortes : les bancelles sans dossier, les bancs «tossel» à dossier orné de fuseaux, les bancs «trustel», très caractéristiques, faisant corps avec un buffet qui leur sert de dosseret. Par extension, le mot «trustel» a parfois été donné à l'alignement du mobilier le long du mur. Les bancs se combinent souvent avec les coffres, multipliant ainsi le volume de rangement. Les fauteuils sont à peu près inconnus. Ils sont réservés aux vieillards et sont placés près de la cheminée.

Lits

Le lit-clos ou «gwele-cloz» n'est pas spécifique à la Bretagne. On le trouve dans plusieurs autres régions de France. Le lit-clos s'ouvre sur l'extérieur par une ou deux portes coulissantes. Il sert à se défendre du froid autant qu'à préserver un peu d'intimité puisque toute la famille, domestiques compris, vit dans la même pièce.

Les lits-clos sont alignés le long du mur, parfois superposés et toujours accompagnés d'un banc-coffre qui sert de marchepied, de siège et de resserre à linge.

Plus tard, apparaîtront les lits mi-clos, munis d'une large ouverture sur la façade. On les trouve surtout dans le Morbihan.

Autres meubles

On trouve dans les intérieurs bretons : maies, susbouts (sortes de petites armoires étroites formées d'un coffre mis debout), bonnetières, garde-manger (caisses en bois munies d'un panneau en métal ajouté de façon à assurer l'aération des aliments). Les garde-manger sont parfois assortis d'un égouttoir.

L'horloge, peu fréquente en Basse-Bretagne, est logée dans un boîtier rectiligne afin de pouvoir prendre place entre deux meubles.

 **Bois**

La forêt bretonne est étendue et la matière première ne manque pas. En Basse-Bretagne, le bois le plus souvent utilisé est le chêne; vient ensuite le châtaignier. Afin que le bois ne joue pas lors de l'assemblage, on le laisse parfois séjourner dans la vase d'un lac ou d'un étang. Le bois est alors légèrement pétrifié, extrêmement stable et prend une belle couleur foncée proche de l'ébène. On l'appelle le «couëron».

On trouve aussi quelques essences fruitières plus claires : noyer, poirier, cerisier. Ces bois sont surtout employés dans la partie limitrophe de la Haute-Bretagne.

Armoire presse à lin en chêne.

(Musée des Jacobins, Morlaix. Photo A. Le Nouail.)

*Devant de coffre, décor de gâteaux, d'éventails,
de grappes de raisins et d'animaux.
Cornouaille, 1657.*

*Coffre à grain en chêne.
Yves Bourhis, 1644. Landivisiau.*

*Petit coffre bigouden
à arcatures et rosaces.*

(Manoir de Kerazan, Loctudy.)

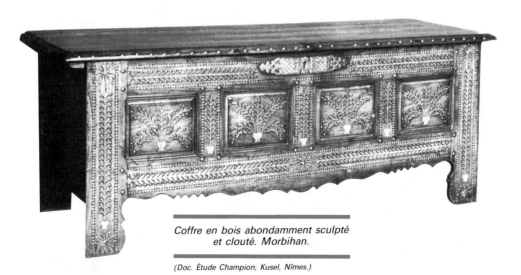

*Coffre en bois abondamment sculpté
et clouté. Morbihan.*

(Doc. Étude Champion, Kusel, Nîmes.)

*Armoire à deux portes, deux tiroirs en pied,
décor sculpté, corniche droite.
Travail en châtaignier. XVIIIe.*

(Doc. Étude Dufrèche, Autun.)

*Armoire en bois naturel
à deux portes à trois panneaux
à décor de gâteaux,
faux dormant à cannelures, XVIIIe.*

(Doc. Étude Ducousso, Gestas, Pau.)

*Armoire à deux vantaux
à décor clouté. Morbihan.*

(Doc. Étude Champion, Kusel, Nîmes.)

124

*Armoire à quatre portes et deux tiroirs,
décor religieux d'un ostensoir et croix de Malte. 1785.*

(Musée de Bretagne, Rennes.)

Vaisselier en merisier sculpté,
étagères à arcatures.
Région de Vannes.

(Doc. Étude Feydy, Biraben, Bergerac.)

Vaisselier en châtaignier, décor sculpté et clouté,
étagères soutenues par des colonnes en balustre.
Bretagne du sud. XIXe.

(Doc. Étude Boscher, Morlaix.)

Buffet à tiroirs médians,
trois panneaux dans la partie haute,
deux dans la partie basse,
décor mouluré et sculpté de motifs géométriques. XVIIIe.

(Doc. Étude Bretaudière, Châlon-sur-Saône.)

*Deux corps à quatre portes séparées
par deux rangs de tiroirs,
sculpté en léger relief
de fleurs et d'un personnage,
vase de fleurs et guirlandes fleuries. XVIIIᵉ.*

(Doc. Étude Loiseau, Schmitz, Saint-Germain-en-Laye.)

Buffet en bois naturel sculpté,
panneaux divisés en carrés
en semi-relief dans lesquels
s'inscrivent un décor dit de gâteaux.

(Doc. Étude Guichard, Saint-Brieuc.)

Lit clos à décor de rouelles
et de fuseaux.

(Doc. Étude Guichard, Saint-Brieuc.)

*Lit-clos, riche décor de symboles religieux,
de motifs floraux et de gâteaux.
Châtaignier.*

(Musée des Jacobins, Morlaix. Photo A. Le Nouail.)

Lit-clos, 1732.

(Musée de Bretagne, Rennes.)

Chaise bretonne,
riche décor de fuseaux rayonnants.

(Manoir de Kerazan, Loctudy.)

Horloge bretonne,
gaine abondamment
sculptée.
Mouvement de
F. Ellien à Guingamp.

(Doc. Étude Girard, Dunkerque.)

Banquette en bois naturel sculpté
de motifs typiquement bretons.
Bretagne du Sud. XIXᵉ.

(Doc. Étude Boscher, Morlaix.)

*Banc bigouden à dossier et à bras,
décor d'arcatures et de cœurs.*

(Manoir de Kerazan, Loctudy.)

La Haute-Bretagne

Région tampon entre la Bretagne bretonnante et le reste du pays, la Haute-Bretagne comprend toute la partie orientale de la province.

Après les mariages successifs d'Anne de Bretagne avec deux rois de France, Charles VIII et Louis XII, la Haute-Bretagne sera fortement soumise aux influences extérieures.

En Haute-Bretagne, le mobilier retrouve une disposition plus classique et plus élaborée. Il échappe donc aux lignes droites pour adopter plus souvent des lignes courbes inspirées des grands styles du XVIIIe siècle. Armoires et buffets retrouvent leurs corniches. Les meubles sont plus raffinés, la marqueterie plus fréquente et, si le décor est moins foisonnant, l'ébénisterie est beaucoup plus soignée.

Les motifs celtiques se font moins nombreux laissant la place à une ornementation populaire classique : fleurs, rinceaux, oiseaux...

En Haute-Bretagne, le lit clos disparaît presque complètement. On utilise plutôt le lit mi-clos et surtout le lit à colonnes, fermé par des courtines.

Les horloges adoptent quelquefois des formes violonnées et sont assez semblables à celles de la Franche-Comté. La lunette du balancier est petite et la découpe en reproduit exactement la forme.

 **Bois**

Les bois dans l'ensemble sont plus clairs. Le chêne toujours utilisé est souvent accompagné d'essences fruitières notamment le merisier et le poirier. Le hêtre et le noyer sont aussi d'un usage courant. Dans les ports, l'acajou venu d'outre-mer donne naissance à une production très originale.

Trois grandes métropoles, Saint-Malo, Rennes, Nantes ont vu, chacune, se développer une production spécifique, tout comme la région de Guérande avec son mobilier peint très caractéristique.

Rennes

La région rennaise s'est développée très tôt et l'ébénisterie y était très florissante dès le XVIIIe siècle. Un rapport de l'intendant de Bretagne répertorie 52 maîtres menuisiers pour l'année 1755.

La tradition de l'armoire de mariage s'y est perpétuée jusqu'à une date récente. L'armoire rennaise est souvent haute, peu large, d'une exécution très soignée, richement décorée de fleurs, de cœurs, d'oiseaux.

Les buffets sont bas, ne possèdent pas toujours de corps supérieur et accompagnent souvent des ensembles complets comprenant bancs, table, égouttoir, garde-manger.

Les vaisseliers rennais ne sont pas seulement utilitaires ; ce sont aussi des éléments décoratifs et le reflet de la richesse de la famille.

Armoire en noyer mouluré et abondamment
sculpté de motifs floraux,
fronton en accolade surmonté
d'une corniche ajourée
d'un panier fleuri entouré d'oiseaux,
traverse du bas, faux dormant sculptés.
XVIIIe.

(Doc. Étude Ader, Picard, Tajan, Paris.)

*Armoire en noyer mouluré
et sculpté,
portes à trois panneaux.
Travail rennais. XVIIIᵉ.*

(Doc. Étude Poulain, Avranches.)

138

Armoire à deux portes et six panneaux moulurés
et sculptés, fronton à double accolade.
Région de Rennes.

(Doc. Étude Dijeau, Rochefort.)

Garde-manger, à façade métallique ajourée
permettant l'aération des aliments,
muni d'un égouttoir.
Pays de Rennes, XIXe.

(Musée de Bretagne, Rennes.)

Horloge à balancier,
forme droite.
Pays de Dinan, XIXe.

*(Musée Château
de la Duchesse Anne,
Dinan.)*

*Garde-manger à tiroir,
décor de motifs religieux,
égouttoir dans la partie basse.
Pays de Dinan, XIXᵉ.*

(Musée Château de la Duchesse Anne, Dinan.)

*Vaisselier, décor en «arêtes de poisson».
Pacé, Ille-et-Vilaine, milieu XIXᵉ.*

(Musée de Bretagne, Rennes.)

Table et bancs,
région de Dinan, XIXe.

(Musée Château de la Duchesse Anne, Dinan.)

Table à tirettes et entretoise.
Baulon, Ille-et-Vilaine, XIXe.

(Musée de Bretagne, Rennes.)

143

Saint-Malo

Le mobilier malouin est tout à fait particulier. Il a subi l'influence hollandaise par le truchement des marins flamands faits prisonniers par les corsaires aux XVIIᵉ et XVIIIᵉ siècles.

L'armoire est, avec le bahut appelé «malouinière», le plus original des meubles malouins. Généralement peu ornés, ils présentent des panneaux géométriques parquetés avec des assemblages de bois exotiques de différentes couleurs.

Peu de relief et peu de sculptures dans l'ensemble, et une structure droite et carrée pour les buffets.

Moins nombreux, les coffres y sont aussi plus légers et peuvent être déplacés à l'aide de poignées.

Sièges et tables – ces dernières quelquefois sans compartiment garde-manger – sont plus variés et plus fins.

Grand coffre en acajou.
Travail malouin. XVIIIᵉ.

(Doc. Étude Le Quemener, Guignard, Lorient.)

 **Les meubles de port**

A l'origine, les meubles de port, en acajou massif, ont été exécutés avec du bois de récupération. Les navires partis au loin chercher des épices, des porcelaines, des marchandises précieuses, s'approvisionnaient sur place en bois qui servait à arrimer les ballots au fond des cales. A l'arrivée, il était jeté par-dessus bord ou laissé sur les quais, en particulier à Saint-Malo, à Lorient et à Nantes. Paradoxalement, les premiers meubles de port verront le jour à Noirmoutiers où le courant déposait le bois dont on s'était débarrassé plus au nord, mais les menuisiers bretons en feront aussi grand usage.

L'ébénisterie des meubles de port est extrêmement soignée, la sculpture presque toujours de qualité. Ce type de meubles s'apparente plus aux grandes productions classiques du XVIIIᵉ qu'aux meubles régionaux proprement dits. Il est vrai que certains meubles parisiens partaient en Orient pour être recouverts de laque, ils transitaient donc par les ports bretons et ont pu ainsi influencer les artisans locaux. Il ne faut pas oublier que Saint-Malo a vu naître la Compagnie des Indes au milieu du XVIIᵉ siècle.

Les commodes malouines ou nantaises, en acajou massif, sont lourdes, un peu massives mais élégamment galbées. Il n'y a pas de motifs en relief et le plateau est toujours en bois.

*Buffet malouin dit « Malouinière »
en bois naturel ouvrant par 4 vantaux
ornés de panneaux octogonaux moulurés
et sculptés de vaguelettes,
trois tiroirs médians dont un à secret.
Début du XVIIIᵉ.*

(Doc. Étude Millon, Jutheau, Paris.)

145

Buffet deux corps,
corps supérieur légèrement en retrait,
chêne mouluré et sculpté
de panneaux octogonaux
et autres motifs géométriques,
colonnettes en façade. Travail malouin. XVIIe.

(Doc. Étude Thierry, Martin, Lannon, Brest.)

Nantes

La région subit l'influence de la Vendée toute proche. On y trouve, par exemple, des sièges paillés – les vanniers de Vendée sont réputés – fort rares ailleurs.

L'armoire nantaise est plutôt petite. On y retrouve le décor de «gâteaux». Elle est souvent en châtaignier et ornée de ferrures.

Les bahuts et les buffets sont à deux corps, le haut plus étroit que le bas. Ils rappellent les meubles des Pays de Loire, comme eux équilibrés et élégants.

La région de Guérande

La presqu'île guérandaise, région de marais salants, se distingue par un mobilier peint fort curieux. Les paludiers utilisent en effet des meubles très simples avec des panneaux en faible relief, peu décorés, qu'ils peignent en rouge vermillon puis qu'ils cirent de façon qu'ils ressemblent à la laque rouge d'Extrême-Orient.

Pour fabriquer cette couleur «sang de bœuf», on utilisait une préparation à base de sang de bœuf et de chaux.

Ce procédé décoratif avait aussi pour but de protéger le bois. Il a été également employé dans la Brière et occasionnellement dans le Vannetais.

Bureau de pente en acajou massif.
Estampillé A. Nicolas. Nantes.
Époque Louis XV.

(Doc. Étude Courtois, Angers.)

Enfilade à quatre panneaux
en acajou moucheté. XVIIIe.

(Doc. Étude Perrin, Royère, Lajeunesse, Versailles.)

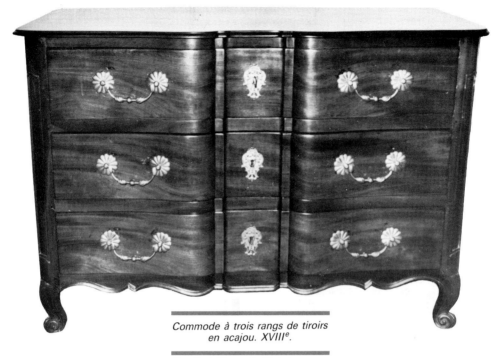

*Commode à trois rangs de tiroirs
en acajou. XVIIIe.*

(Doc. Étude Manson, La Flèche.)

Musées

56. BREC'H
Écomusée de Saint-Dégan.

29. COMMANA
Écomusée des monts d'Arrée.

29. ILE D'OUESSANT
Écomusée d'Ouessant.

29. LOCRONAN
Musée municipal des arts et traditions populaires,
place de la Mairie.

29. LOCTUDY
Musée de Kerazan, Manoir de Kerazan.

29. MORLAIX
Musée des Jacobins, 6, rue des Vignes.

29. PONT-L'ABBÉ
Musée bigouden, Château.

29. QUIMPER
Musée départemental breton, 1, rue du Roi-Gradlon.

56. ROCHEFORT-EN-TERRE
Musée du Château.

44. BLAIN
Musée des arts et traditions populaires
du pays blinois, place Jean-Guihard.

44. BOURGNEUF-EN-RETZ
Musée du pays de Retz, 6, rue des Moines.

22. DINAN
Musée du Château, rue du Château.

44. GUÉRANDE
Musée régional de la porte Saint-Michel,
1, place du Marhallé.

44. NANTES
Musée d'histoire et d'ethnographie régionales.
Château des Ducs de Bretagne, 1, place Marc-Elder.

22. PLÉDÉLIAC
Ferme d'antan, Le Saint-Esprit-des-Bois.

35. RENNES
Musée de Bretagne, 20, quai Émile-Zola.

44. SAILLÉ
La Maison des paludiers, rue Du Ber.

44. SAINT-JOACHIM
La Chaumière briéronne et La Maison de la mariée,
Ile de Fédrun.

44. SAINT-LYPHARD
Musée de Kerhinet.

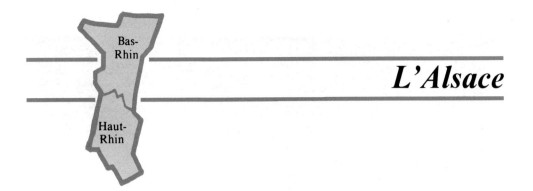

Bas-Rhin

Haut-Rhin

L'Alsace

Ce chapitre intéresse une région géographiquement peu importante en surface mais sans doute l'une des plus riches en mobilier.

Bornée par la crête des Vosges à l'ouest et le Rhin à l'est, l'Alsace est délimitée au nord par la Lauter, affluent du Rhin et au sud par la Franche-Comté et la Suisse : elle correspond aux départements du Haut-Rhin et du Bas-Rhin. Pays varié de riches plaines, de coteaux favorables à la culture de la vigne et de montagnes, l'Alsace se situe au carrefour de plusieurs influences politiques et culturelles.

Historiquement, l'Alsace est devenue une province du royaume de France à l'issue de la guerre de Trente Ans (1618-1648), à la signature du traité de Westphalie, confirmé par la paix de Nimègue en 1678. Strasbourg ne sera rattaché à la France qu'en 1681 et Mulhouse à la Révolution seulement.

Jusque-là, l'Alsace a été tributaire d'un passé germanique, plus précisément rhénan : Strasbourg est un des centres majeurs de la Renaissance rhénane. Dès le XIIIe siècle, l'Alsace connaît un développement urbain très important : dix des plus grandes villes, échappant à la tutelle féodale, étaient gouvernées par les corporations et s'étaient groupées en une confédération : la Décapole.

Dans le domaine qui nous intéresse directement, si les huchiers sont signalés dès 1332, c'est seulement en 1519 que le terme Schryner (tournure ancienne du mot Schreiner) désigne officiellement le menuisier strasbourgeois.

C'est à ce moment que les courants de la Renaissance italienne parviennent en Alsace via la Suisse. Les traductions du *Traité d'architecture* de Vitruve imprimées sur les presses strasbourgeoises contribuent à diffuser les nouveaux principes esthétiques empruntés à l'Antiquité.

La réglementation du chef-d'œuvre, pièce à exécuter selon des canons et des techniques bien précis pour accéder à la maîtrise, confirme que les colonnes élevées sur la façade des armoires à deux corps sont l'expression rigoureuse d'un ordre, le résultat de calculs précis. A la même époque, la technique de la marqueterie est parfaitement maîtrisée par les menuisiers alsaciens alors qu'à Paris ou dans les ateliers de la Loire, elle n'en est encore qu'à ses balbutiements.

La domination du style de la Renaissance rhénane survivra à l'annexion française, retardant l'adoption du «baroque». Lorsque l'Alsace est annexée, les menuisiers français qui sont arrivés dans les fourgons des nouveaux administrateurs se heurtent naturellement à leurs confrères alsaciens qui voient ces nouveaux concurrents leur disputer des marchés dont ils avaient jusqu'alors l'exclusivité. Refusant de les intégrer à leurs corporations, ils les obligent à créer leurs propres groupements qui calquent leurs règlements sur ceux des associations alsaciennes. Cette émulation continuera jusqu'à la fusion imposée par le triomphe du goût français. Vers 1730, les styles Louis XIV et Louis XV commencent à s'imposer mais ce n'est que vers 1780, cent ans après le rattachement de Strasbourg à la France qu'ils triompheront.

Coffre en bois peint de classiques motifs floraux. Daté 1592.

(Musée historique de Mulhouse.)

Le mobilier peint alsacien

Nulle part ailleurs, en France, la pratique de peindre les meubles n'a été aussi propagée qu'en Alsace. Cette polychromie constitue une manifestation originale de l'art d'Europe centrale, véhiculée à travers toutes les régions rhénanes dont l'Alsace.

A l'origine, cet usage est destiné à cacher les bois blancs, pauvres, comme le sapin, le pin, le tilleul, le bouleau et le peuplier. Il est d'abord réservé aux productions bon marché; c'est une des manifestations de l'art populaire. Puis la polychromie souvent savante s'étend aux meubles bourgeois, des peintres réalisant de véritables petits tableautins sur des panneaux strictement délimités.

Ce n'est que vers le milieu du XIXe siècle, à peu près vers 1840, que les fermiers aisés et les bourgeois que leurs récentes fortunes autorisent à commander des meubles en noyer ou en cerisier sculptés, voire marquetés, abandonnent les meubles peints aux classes moins favorisées.

Plusieurs techniques sont employées. A l'origine, et pendant longtemps, on a peint les fonds en brun selon le procédé dit «à l'essuyé» qui consiste à appliquer la peinture sur le bois puis à essuyer les surfaces couvertes jusqu'à ce que les veines du bois soient à nouveau visibles, la peinture opérant comme une sorte de vernis. Un peu plus tard, au XVIIIe siècle, on applique un fonds de peinture à l'aide d'un tampon de chiffon, technique qui autorise la réalisation de décors mouchetés,

Coffres

Le coffre a été longtemps, comme partout ailleurs, le principal meuble de rangement des familles aristocratiques d'abord, puis des artisans et paysans.

Il figurait parmi les chefs-d'œuvre à accomplir pour accéder à la maîtrise avant d'être remplacé par l'armoire et faisait partie de la dot de la future épouse.

En Alsace, on rencontre cinq types de coffres avec une multiplicité de variantes :

– le coffre fruste, élémentaire, renforcé de pentures en métal, courant dans le Jura bernois et le Sundgau limitrophe ;

– le coffre d'esprit gothique aux panneaux sculptés de motifs dits «en plis de serviette» ;

– le coffre de style Renaissance – prédominant – à la structure architectonique, au décor de colonnes, fausses fenêtres et pilastres cannelés, plus ou moins ouvragés selon la richesse de son propriétaire. Sa construction se poursuivra jusqu'au XIXe siècle avec des décors plus sobres, à partir de 1750, l'influence française et l'introduction des nouveaux styles aidant;

– le coffre en bois blanc, populaire mais aussi bourgeois au décor peint (voir encadré) ;

– le grand coffre pouvant former lit de repos, plus rare.

L'usage du coffre ira en déclinant au fur et à mesure que le succès de l'armoire s'amplifiera.

Armoires

L'armoire, signe de richesse de son propriétaire qui en possède parfois plusieurs, est le plus souvent exposée dans la Stube, la salle commune, de façon à être admirée par les visiteurs.

Elle succède au coffre dès que les possibilités financières le permettent. C'est en 1571 que la corporation renouvelle ses règles et que l'armoire remplace le coffre au rang de chef-d'œuvre.

Il s'agit d'un meuble à deux corps, à la façade architectonique composée d'un socle fortement mouluré, d'un étage inférieur agrémenté de colonnes doriques, d'un entablement à deux tiroirs, situé au milieu

pommelés ou «nuageux». D'autres méthodes faisant usage de pomme de terre et de compositions dont chaque artisan avait le secret, à base de bière ou de vinaigre, permettaient la réalisation de fonds très divers.

Précisons que les fonds dits «pommelés» et marbrés étaient plus appréciés dans le Bas-Rhin; dans le Haut-Rhin dominent les fonds bleus, verts et brun-rouge, le bleu étant caractéristique de l'Alsace moyenne.

Sur ces fonds étaient dessinés au compas ou au trusquin, ou encore creusés au couteau, différents motifs appartenant au répertoire habituel de l'art populaire. Aux décors floraux de tulipes, d'œillets ou de roses traités de manière naturaliste ou stylisée, à la main levée ou au pochoir, venaient s'ajouter différents symboles géométriques à vocation plus ou moins prophylactique dont la signification s'est estompée avec le temps : étoiles à huit branches dans un double cercle, pentagramme, svastika, rouelles solaires, roses stylisées, huit couché (symbolisant la longévité), grenade entrouverte (signe de fécondité).

Sur les meubles plus riches destinés à la bourgeoisie ou à la petite noblesse, des cartouches ou médaillons sont ornés de signes héraldiques, aigle bicéphale, lions, animaux fabuleux, entrelacs, cœurs, arabesques et même des paysages animés de ruines ou de personnages. Certaines de ces compositions sont réalisées par de véritables peintres et pas seulement par des décorateurs.

du meuble, d'un étage supérieur orné de colonnes ioniques, le tout coiffé d'une corniche droite, moulurée. C'est la superposition des ordres, dorique et ionique, appliquée selon les règles de l'architecture et Vitruve, qui commande alors la structure du meuble. Exécutée en placage de bois de pays sur fond de sapin, l'armoire présente des marqueteries à motifs géométriques, des arabesques et entrelacs, des paysages, des scènes de chasse... Dans les cités les plus importantes, ne méritait le nom d'armoire – «Schrank» – que ce meuble à deux corps superposés; tout meuble évoquant un bahut, c'est-à-dire à corps unique avec deux battants était appelé demi-armoire – «Halbschrank».

La guerre de Trente Ans et ses ravages porteront un mauvais coup à l'industrie du meuble. Les nobles et bourgeois alsaciens n'ayant plus les moyens financiers d'acheter des armoires aussi luxueuses et monumentales, certaines corporations, comme à Colmar par exemple, autoriseront son remplacement par un travail moins coûteux (1601). Il s'agit d'une armoire à sept colonnes, divisée en trois parties. A l'étage inférieur, le socle sert de support aux trois colonnes principales. L'étage médian correspond au corps du meuble, s'ouvre à battants ornés de fausses fenêtres et comporte un appui où reposent quatre colonnettes. La corniche constitue l'étage ultime : sa frise est ornée de sculptures ou de marqueteries et porte souvent un cartouche dans lequel est inscrit la date de fabrication ou de livraison.

Dans les régions du vignoble, on trouve des armoires à trois colonnes, moins ornées que les précédentes, moins chères aussi.

Les décors plus ou moins «couvrants», plus ou moins somptueux selon les modèles, sont composés de motifs Renaissance : grotesques, masques, listels flammés, fausses fenêtres et ailerons bosselés dans le genre dit «auriculaire». Le décor auriculaire, imité de l'orfèvrerie rhénane et des Pays-Bas, est appelé ainsi car il évoque les cartilages de l'oreille humaine.

Jusqu'en 1650, la colonne présente un profil lisse, puis annelé pour prendre la forme d'une spirale, sous l'influence du mouvement baroque.

En 1706, la maîtrise des menuisiers français préconise l'armoire à pilastres cannelés rapportés à l'ordre corinthien. C'est à la fois l'innovation – abandon de la sacro-sainte colonne – et le respect des traditions, puisqu'on se réfère toujours à un ordre classique.

Vers 1748, ce type d'armoire semble l'emporter sur la classique armoire de style Renaissance, dont il ne subsiste plus que quelques discrètes colonnettes dans les angles (armoires et buffets). On trouve dans le même temps des armoires de style typiquement français en bois massif, aux battants des portes divisés en trois panneaux traditionnels, le plus grand en haut, le plus petit au milieu, le moyen en bas. La corniche est parfois en anse de panier, quelquefois rectiligne, et les motifs décoratifs tirés du répertoire Louis XIV ou rocaille.

Parallèlement, une partie de la menuiserie alsacienne continue de produire des armoires de type germanique avec une corniche en saillie obtenue par la superposition de moulures bombées ou concaves, des colonnes torses en façade. Quant au décor, fleurs et lambrequins remplacent les anciens masques, têtes de putti et autres grotesques.

Aux alentours de 1738 naît une armoire bombée en façade, galbée en creux sur les côtés, en bois massif, décorée encore de pilastres corinthiens mais coiffée d'un fronton en anse de panier sous une corniche à décrochements multiples. La partie médiane des panneaux moulurés est ovale ou en forme de rognon.

Dressoirs, crédences et buffets

Si les vaisseliers sont rares en Alsace malgré une production faïencière locale importante, il existe cependant dans les cuisines des dressoirs simples, en bois naturel sculpté ou en bois peint. Un dressoir est un buffet à gradin destiné à la présentation des plats.

La crédence est plus répandue. Elle se rattache directement aux styles des armoires avec un corps à une ou plusieurs portes supporté par des colonnes ou balustres au-dessus d'un socle important et moduré. Le décor est soit peint, soit marqueté, représentant des portes simulées, des édicules architecturaux, des scènes d'inspiration Renaissance ou baroque selon la date de fabrication.

Au XVIIIe siècle, ces crédences s'effaceront peu à peu devant les buffets deux corps d'inspiration française, au corps supérieur en retrait avec une corniche caractéristique en chapeau de gendarme, cintrée et prolongée de chaque côté par des moulures

Bureau de pente à ressaut en bois marqueté de chevrons et motifs géométriques. Travail typique d'ébénisterie strasbourgeoise du XVIIIe.

(Doc. Étude Ionesco, Neuilly.)

La marqueterie «en mosaïque»

Au XVIIIe siècle, l'action du nouvel évêque de Strasbourg, Armand Gaston de Rohan Soubise, et de ses successeurs marquera définitivement la victoire du goût français. Désormais tout ce qui est à la mode à Paris sera produit par les menuisiers ébénistes locaux (167 sont dénombrés en 1782). Tables, consoles, bureaux plats, à pente, bureaux cylindres font leur entrée dans les demeures alsaciennes.

Si tous ces types de meubles sont imités des modèles parisiens ou versaillais, il existe encore plusieurs types de commodes se rattachant aux productions germaniques qui se caractérisent par des façades et des côtés non pas bombés ou plats mais concaves selon des modèles en usage au Palatinat.

Plusieurs dynasties d'ébénistes s'illustrent en réalisant des pièces d'une qualité d'exécution rare. Parmi elles, on compte les Froydevaux-Kaeshammer en activité à Strasbourg au tout début du XVIIIe siècle. La production de meubles en bois naturel est prédominante. Une dizaine d'ébénistes seulement réalisaient des ouvrages en bois précieux marquetés. Certains mirent au goût du jour un type de marqueterie originale avec plusieurs variantes, sorte de marqueterie en mosaïque dont nous emprunterons la description à Françoise Lévy-Coblentz : «Des bois de pays combinant les réseaux de carrés sur la pointe aux angles marqués par un dé à jouer, tantôt avec les jeux de cubes et la thématique florale, tantôt avec des réticules de carreaux sur la pointe inscrivant une rosace ou constellés de fleurettes.»

horizontales. Bourgeois ou rural, ce meuble sera sculpté, quelquefois peint mais plus rarement.

Tables

L'influence rhénane aidant, les tables et chaises alsaciennes (du moins pour certains types précis) se distinguent très nettement des autres productions régionales «françaises».

Nous ne nous attarderons pas sur les tables et sièges d'influence parisienne, copiant les modèles des ébénistes de la Cour (certains étaient d'ailleurs d'origine alsacienne) depuis le premier tiers du XVIIIe siècle. Ils correspondent à ce qu'on trouve ailleurs, leur exécution étant de meilleure qualité, grâce aux exigences des corporations. Parmi les chefs-d'œuvre à exécuter pour accéder à la maîtrise figure – dans le règlement de 1544 – une table pliante en bois dur comportant deux plateaux mobiles articulés pouvant constituer un plateau unique.

La plupart des tables correspondent au type Louis XIII : fort et épais plateau rectangulaire avec tiroirs ou tirettes en ceinture, pieds droits lisses ou tournés avec entretoise formant cadre ou en X, quelquefois décorée d'un toupie centrale. Une originalité : les pieds peuvent être droits, en moyenne et basse Alsace notamment, ou divergents, plus fréquents en haute Alsace, marque de l'influence rhénane.

Sièges

On retrouve les pieds divergents sur la chaise dont le dossier offre des formes originales.

Incliné, puis droit à partir de 1820-1830, souvent plein ou avec un motif central ajouré (un cœur par exemple), le dossier présente un contour découpé de courbes et contre-courbes dessinant des motifs plus ou moins sophistiqués selon la richesse du mobilier et l'époque à laquelle il a été exécuté, la multiplication des motifs atteignant des sommets sous l'influence du baroque.

Parmi les motifs, on distingue l'aigle bicéphale de l'empire germanique plus ou moins stylisé, des «bretzels» ou plus simplement des courbes et contre-courbes classiques en crosse, des cornes de bélier, des feuilles d'acanthe, des vases néo-classiques plus tardifs...

On rencontre également – plus rarement – des dossiers dits «à gibets» en forme de portique avec un évidement central et une traverse supérieure débordante. Les modèles «paysans» présentent les mêmes caractères mais simplifiés.

A relever la présence fréquente de bancs-coffres et de bancs de style Directoire aux accotoirs et au dossier ajourés.

Lits et berceaux

On rencontre plusieurs types de lits en Alsace, lits exécutés soit en bois fruitier sculpté, soit en bois blanc polychromé avec un certain nombre d'inscriptions, le plus souvent le nom des propriétaires, les dates de fondation du foyer ou de la construction du lit. On trouve des modèles à colonnes et à ciel, sans colonnes et sans ciel avec généralement la tête plus haute que le pied, des lits à colonnes et à rideaux sans ciel, des lits clos enfin, «Kaschtebett», que l'on rencontre plus particulièrement dans le Sundgau influencé par la Franche-Comté, l'alcôve étant remplacée par le lit clos encastré.

Les berceaux répondent aux modèles habituels : section trapézoïdale, patins fixés aux pieds pour le bercement. Le décor peint est très fréquent : les motifs décoratifs employés ayant une fonction prophylactique, protéger l'enfant des maladies et du «mauvais œil».

Encoignures, olmers et horloges

Des horloges nous ne dirons rien de particulier : ce meuble n'a pas été l'objet d'attention particulière dans cette province, contrairement à la Lorraine.

A signaler la présence de nombreux buffets d'angle et encoignures qui étaient combinés parfois avec les boiseries de la salle commune.

C'est dès le XVIe siècle, selon certains historiens du meuble alsacien ou au XVIIIe siècle selon d'autres, qu'apparaît, à la campagne, l'olmer, sorte de meuble combiné, généralement placé dans la cuisine, faisant office de buffet de rangement et de garde-manger, alliant parfois penderie et rayonnage.

*Meuble à hauteur d'appui
en bois naturel sculpté. XVIIe.*

(Doc. Étude Aguttes, Laurent, Clermont-Ferrand.)

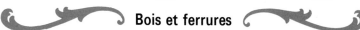

Bois et ferrures

Si la forêt vosgienne constitue un incomparable réservoir de résineux dont le pin et le sapin utilisés pour les meubles peints, le plus souvent populaires, mais aussi pour les fonds, tiroirs et autres parties non visibles de meubles plus «bourgeois», le noyer est considéré comme l'essence reine, même si le chêne est fréquemment employé dans la région de Mulhouse.

Menuisiers et ébénistes ont également recours aux fruitiers, cerisier et merisier notamment, poirier noirci qui imite l'ébène; le quetsch, scié en travers, imite le palissandre. On trouve également l'érable, l'orme, le cormier, le buis (dans les compositions marquetées surtout) et bien entendu le hêtre dont on se sert pour confectionner les sièges.

Les très beaux meubles ont parfois été ornés de somptueuses garnitures d'argent, c'est l'exception. Au XVIIe siècle, plaques et boutons sont classiquement en acier; au XVIIIe siècle bon nombre de fiches et ferrures sont en cuivre. Les crémones se distinguent par une grandeur inhabituelle : elles sont en acier découpé ou en cuivre.

A souligner le soin apporté à la confection et à la décoration de belles serrures, témoignage d'un art de la ferronnerie de haute qualité.

*Armoire en bois naturel mouluré
et sculpté à deux portes,
décor floral stylisé sur la corniche,
paumelles et entrées
de serrures en cuivre. XVIIIᵉ.*

(Doc. Étude Labat, Paris.)

*Armoire en placage de noyer
ouvrant à deux portes et un tiroir,
serrure intérieure,
crémone en fer forgé. XVIIIe.*

(Doc. Étude Loiseau, Schmitz, Saint-Germain-en-Laye.)

Armoire en sapin et bois fruitier,
colonnes tournées en façade,
tiroirs dans la traverse inférieure,
pieds miches, panneaux incrustés,
mascaron au fronton. XVIII*e*.

(Doc. Étude Artus, Gridel, Boscher.)

*Armoire à façade architectonique,
colonnes tournées en façade, fronton baroque,
tiroirs dans la traverse inférieure. XVIIᵉ.*

(Doc. Étude Aguttes, Clermont-Ferrand.)

*Armoire en noyer, chêne et mélèze,
façade architectonique, colonnes cannelées,
tiroir dans la traverse du bas. XVIIIᵉ.*

(Doc. Étude Artus, Gridel, Boscher.)

*Armoire à deux corps à quatorze colonnes et colonnettes
en bois sculpté, marqueté et incrusté.
Les panneaux de la façade simulent des façades
architecturales.
Chef-d'œuvre de menuiserie strasbourgeoise. XVIIᵉ.*

(Musée de l'Œuvre Notre Dame, Strasbourg.)

*Armoire à façade architecturale, tiroirs dans la traverse inférieure,
colonnes en façade et sur les côtés,
montants cannelés. XVIIIᵉ.*

(Doc. Etude Lenormand, Dayen, Paris.)

*Armoire en bois naturel mouluré et sculpté,
colonnes torses en façade,
tiroirs dans la traverse du bas,
sculpture de mascaron,
buste et fleurs. Datée 1610.*

(Doc. Étude Ader, Picard, Tajan.)

*Vaisselier en bois naturel sculpté.
Corps inférieur à quatre panneaux,
trois étagères et deux placards
sur le corps supérieur. XVIIIe.*

(Doc. Étude Courchet, Palloc, Japhet, Nice.)

Deux corps en noyer mouluré et sculpté.
Milieu du XIXᵉ.

(Doc. Étude Guérin, Saint-Dié.)

Deux corps en chêne mouluré et sculpté.
Époque Louis XIV.

(Doc. Étude Guérin, Saint-Dié.)

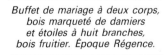

Buffet de mariage à deux corps,
bois marqueté de damiers
et étoiles à huit branches,
bois fruitier. Époque Régence.

(Doc. Étude Guérin, Saint-Dié.)

Scriban en noyer marqueté.
Région de Mulhouse. Époque Louis XIV.

(Doc. Étude Guérin, Saint-Dié.)

Scriban en noyer mouluré.
Époque Louis XVI.

(Doc. Étude Guérin, Saint-Dié)

Chaise au dossier
ajouré et sculpté
de deux aigles,
piètement en oblique.

(Musée alsacien, Strasbourg.)

Chaise au dossier
à la fois ajouré
et sculpté
à bord contourné,
piètement en oblique.

(Musée alsacien, Strasbourg.)

Table en noyer, piétement
en pyramide tronquée. XVIIIe.
Un modèle que l'on retrouve
également en Suisse.

(Doc. Étude Labat, Paris.)

Table à plateau rectangulaire
avec un tiroir en ceinture.
Piètement en bois tourné. Entretoise en cadre.

(Musée alsacien, Strasbourg.)

Chaise escabelle
en noyer, dossier découpé
et ajouré d'un cœur,
pieds chanfreinés
XVIIIe.

(Doc. Étude Ader, Picard, Tajan.)

Chaise en bois naturel
mouluré et sculpté
dossier ajouré
et sculpté dans
l'esprit baroque,
piètement en oblique.

(Musée historique de Mulhouse.)

Banc coffre au dossier incliné
et ajouré, panneaux du coffre
à motifs géométriques simples.
Basse Alsace, début du XIXe.

Banc coffre au dossier incliné et ajouré, panneaux du coffre à motifs géométriques simples. Basse Alsace, début du XIXᵉ.

(Musée alsacien, Strasbourg.)

Commode à trois rangs de tiroirs,
façade bombée et galbée,
placage de divers bois fruitiers
marquetés de croisillons,
bronzes dorés. Époque Louis XV.

(Doc. Étude Guérin, Saint-Dié.)

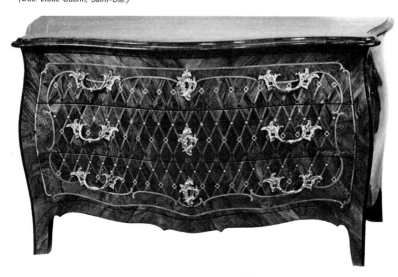

172

*Commode à trois tiroirs
en bois de placage marqueté. XVIIIe.*

(Doc. Étude Guérin, Saint-Dié.)

*Lit à ciel et à colonnes en bois sculpté
et peint de motifs typiquement alsaciens
dans des réserves quadrilobées.*

(Musée alsacien, Strasbourg.)

Meuble de coin sculpté de motifs
géométriques populaires traditionnels.

(Musée historique de Mulhouse.)

Meuble-encoignure en bois naturel
mouluré et sculpté
partie supérieure à décor de rosaces,
cannelures et éventails partie basse
cintrée à décor identique.
Basse Alsace vers 1800.

(Musée alsacien, Strasbourg.)

Meuble de rangement à multiples panneaux
à décor de peinture de motifs décoratifs
personnages et animaux au pochoir. Daté de 1743.

(Musée alsacien, Strasbourg.)

Bureau de pente en bois de placage marqueté de chevrons. Époque Louis XVI.

(Doc. Étude Holz, Arles.)

Musées

67. BOUXWILLER
Musée de la ville de Bouxwiller et du pays de Hanau, Hôtel de Ville.

68. COLMAR
Musée d'Unterlinden, place d'Unterlinden.

67. HAGUENAU
Musée alsacien, place Joseph-Thierry.

67. MOLSHEIM
Musée de la Metzig, place de l'Hôtel-de-Ville.

68. MULHOUSE
Musée historique, place de la Réunion.

67. OBERNAI
Musée historique, Halle au blé.

67. SAVERNE
Musée municipal, Château des Rohan.

67. STRASBOURG
Musée des Arts Décoratifs, Château des Rohan, 2, place du Château.

Musée alsacien, 23, quai Saint-Nicolas.

Musée de l'Œuvre-Notre-Dame, 3, place du Château.

68. THANN
Musée de la Société d'Histoire des Amis de Thann, 24, rue Saint-Thiébaut.

67. WISSEMBOURG
Musée Westercamp, 3, rue du Musée.

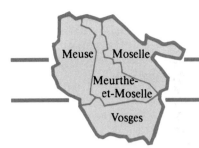

Meuse Moselle

Meurthe-
et-Moselle

Vosges

La Lorraine

Le nom de Lorraine a d'abord désigné un duché à l'histoire cahotique qui connut tour à tour des heures de prospérité et des dévastations dues aux guerres, notamment au XVIIᵉ siècle la guerre de Trente Ans. Rattachée par morceaux à la France entre le XIVᵉ et le XVIIIᵉ siècle, elle fit partie intégrante du royaume de France à la mort de Stanislas Leszczynski, roi détrôné de Pologne, dernier prince à régner sur la Lorraine.

Aujourd'hui la Lorraine couvre quatre départements : la Meurthe-et-Moselle, la Moselle, la Meuse et les Vosges, ainsi qu'une partie de la Haute-Marne (le canton de Beaumont).

Meubles bourgeois et meubles populaires

Sans unité géographique, à cheval sur deux frontières linguistiques, la Lorraine présente une grande hétérogénéité de meubles. L'abbé Jacques Choux, conservateur en chef du Musée historique lorrain écrit : « Car même dans une région aussi limitée que la Lorraine, la diversité est évidente ; elle apparaît de canton à canton, de village à village, il faudrait dire de menuisier à menuisier. » (Guide du Musée lorrain).

Comme dans bien d'autres régions, la différenciation entre meubles bourgeois et meubles populaires s'impose. Les classes privilégiées ont la plupart du temps imité, avec quelque retard, les usages de la Cour.

Contrairement à l'Alsace, « écartelée » entre plusieurs influences, la Lorraine possède un mobilier qui se rattache presque exclusivement aux influences que nous qualifierons, faute de mieux, de françaises : style Louis XIII et plus nettement Louis XIV

d'abord, Régence et Louis XV ensuite. Pour certaines productions, des structures héritées du Moyen Age ou de la Renaissance subsisteront jusqu'au XIXᵉ siècle, notamment au chapitre des coffres, des sièges et de la plupart des tables.

Les meubles bourgeois sont souvent très raffinés ; les meubles populaires, plus massifs, vont du plus sommaire au plus riche, rivalisant parfois avec les productions bourgeoises.

Motifs décoratifs

S'il n'y a pas de règle, il faut reconnaître que l'austérité est souvent de mise : les moulures sont plus fréquentes que les motifs sculptés. Les artisans du bois lorrains jouent avec des tons de bois différents, ne répugnent pas à utiliser la marqueterie, soit pour des motifs assez simples, isolés, soit pour créer de grands décors géométriques, mais aussi de fleurs ou de personnages, notamment dans le centre et dans l'est de la province. Le mélange des motifs moulurés, sculptés et marquetés n'est pas rare. De même, on trouve à la fin du XVIIᵉ siècle et au début du XVIIIᵉ des moulures, fortement accentuées, souvent quadrilobées.

L'étoile à fines branches, marquetée, revient fréquemment, soit au fronton des armoires et des buffets, soit au centre des panneaux. La marguerite, le chardon, le vase à trois rameaux de fleurs, comptent parmi les motifs ornementaux des plus utilisés, ainsi que l'éventail.

Autre type de décor, notamment dans les régions de montagne comme Gérardmer, le décor peint, souvent somptueux, à l'origine cache-misère pour masquer la pauvreté du bois utilisé – en l'occurrence le sapin – devient une véritable fresque.

Coffres et pétrins

Les pétrins lorrains se divisent en deux principales familles : les pétrins classiques à auge trapézoïdale avec quelquefois un tiroir dans la partie basse, dont certains portent exceptionnellement un décor assez recherché ; les pétrins plus anciens ou plus frustes, à caisse demi-cylindrique, strictement utilitaire, posés sur quatre pieds droits, souvent tournés.

Premier et unique meuble de rangement, le coffre a souvent gardé jusqu'au XIXe siècle, où il a été définitivement supplanté par l'armoire, les structures et les décors qu'il présentait au XVIe siècle. Au tout début du XIXe encore, les jeunes mariées apportaient avec elles leur coffre rempli de linge.

Il existe deux principaux types de coffres : les coffres à côtés plats et les coffres à panneaux, les seconds étant de meilleure qualité que les premiers. Les couvercles sont à charnières, de petites poignées de fer fixées sur les côtés facilitent déplacements et transports. Le plus souvent en chêne, ils portent, selon leur époque de fabrication, un décor d'inspiration Renaissance ou Louis XIII et Louis XIV : embryons

de façades architecturées, moulurations, rosaces, quadrilobes, avec quelquefois, pour les plus récents, des motifs marquetés. Certains sont équipés de compartiments comportant une serrure pour protéger bijoux, objets ou papiers précieux. Enfin, quelques coffres sont d'un usage particulier : coffres à grain, coffres à linge, coffres à archives, coffres à sel.

Les coffres de Gérardmer

La Lorraine compte un type très particulier de coffres, fabriqués notamment dans la montagne jusqu'au XIXe siècle, entre Gérardmer et Fraize : ils sont le plus souvent en sapin, de grandes dimensions, dépassant quelquefois deux mètres. Leur structure est généralement archaïque avec des côtés plats, un couvercle à charnières, des pentures apparentes et une serrure à moraillon.

Leur originalité réside dans leur décor de type populaire cernés au couteau, pyrogravés aussi et peints de couleurs vives comme le rouge, le vert, le jaune, le bleu et le noir. Outre le répertoire populaire habituel (spirales, rouelles, rosaces, cœurs, motifs floraux stylisés) on rencontre aussi des dessins à thèmes religieux, des inscriptions et des dates.

Pétrin en chêne. XVIIIe.

(Doc. Étude Gautier, Hertz.)

178

*Bureau de dame par Louis Majorelle,
école de Nancy.*

(Doc. Étude Fusade, Nice.)

L'école de Nancy
et la naissance de l'Art nouveau

Depuis le règne de Louis-Philippe et plus encore sous le second Empire, l'art du mobilier se caractérise par une absence d'invention assez singulière. On se contente de copier, voire de pasticher les styles en vigueur au cours des siècles précédents, Louis XIV, Louis XV et Louis XVI notamment. Il ne s'agit pas d'un mal exclusivement français : l'Europe bourgeoise et industrielle se complait dans la répétition des fastes d'antan, forme «mobiliaire» de la recherche du temps passé. Comme souvent dans ce type de situation, cette domination du goût moyen fait naître et se développer des réactions. En l'occurence, elles prennent corps dès 1856 avec la publication d'un rapport par le comte de Laborde, appelant de ses vœux un effort d'imagination. Un style nouveau se développa dans les dix dernières années du XIXe siècle et dans celles qui précèderont le premier conflit mondial : ce sera le triomphe de l'Art nouveau appelé aussi modern'style ou, par dérision, style nouille.

Ce mouvement voit le jour simultanément ou presque dans toute l'Europe, s'exprimant de différentes manières mais autour de principes nouveaux et communs : la nature et la femme comme sources d'inspiration, influence du japonisme et du symbolisme, retour aux formes courbes, tendance aux meubles-sculptures et aux ensembles mobiliers homogènes.

En France, une école d'art décoratif se constitue dont l'influence sera capitale. Et comme le souligne Pierre Kjellberg *(Le Mobilier français)* : «Fait unique dans

179

l'histoire du mobilier français depuis la fin de la Renaissance, cette école n'a pas pris racine à Paris. Son fief : Nancy, son chef de file : Émile Gallé.»

Si 1901 est considérée comme l'année de la fondation officielle de l'école de Nancy, depuis plus de dix ans déjà une équipe réunie autour d'Émile Gallé mettait en œuvre les principes nouveaux : on y comptait, outre Gallé, l'ébéniste Majorelle, le peintre Victor Prouvé et aussi Eugène Vallin et Jacques Grüber pour ne citer que les principaux.

Si Émile Gallé (1846-1904) est plus connu pour ses fameuses verreries que le monde entier s'arrache dans les salles des ventes, son activité s'exprima dans tous les «arts décoratifs», notamment dans l'art du meuble.

Inspiré par la nature, il fera naître non seulement des meubles décorés de motifs tirés de la flore et de la faune (marquetés ou sculptés), mais des meubles dont les plantes et les insectes eux-mêmes formeront la structure : moulurations en forme de nénuphars, piétements de table figurant des libellules de façon «très naturalistes», etc. Plantes et insectes aquatiques – référence à l'art japonais – sont omniprésents.

Également influencé par le mouvement symboliste, Gallé orne ses créations de vers, de formules mystérieuses ou édifiantes empruntées à Victor Hugo, Verlaine ou Mallarmé. Il procède de même pour orner certains de ses vases : les «verreries parlantes».

Mais Gallé, comme ses condisciples, ne se contente pas de créer des meubles originaux mais isolés : il crée des ensembles homogènes. Dans son travail d'ébéniste, il utilise non seulement des bois locaux, tendres, aux tons clairs comme le platane, l'érable, le poirier ou le classique noyer mais aussi des bois exotiques comme l'acajou et le palissandre et fait appel aux ressources du bronze doré, du verre, etc.

E. Gallé. École de Nancy.
Vitrine en bois de placage
à décor marqueté d'ombellifères.

(Doc. Étude Millon, Jutheau, Paris.)

Autre grand représentant de l'école de Nancy, Louis Majorelle (1859-1926) est moins prisonnier des modèles tirés de la nature. Ses réalisations, d'une grande qualité d'exécution, se présentent aussi tout en courbes et contrecourbes savamment ordonnées, soit dans des marqueteries savantes de palissandre et de courbaril, soit en utilisant l'acajou massif ou plaqué.

Eugène Vallin et Jacques Grüber suivent leur exemple avec leur propre personnalité. Tous influencent directement quelques-uns des plus grands créateurs parisiens ou européens.

Armoires

Selon l'abbé Choux, l'armoire est une des pièces les moins caractéristiques du mobilier lorrain. Comme partout ailleurs, ou presque, sa diffusion dans les campagnes remonte au milieu du XVIIIe siècle. Elle concurrence le coffre auquel elle se substitue presque partout au XIXe siècle; c'est le meuble garni du traditionnel trousseau qu'apportait la jeune épouse.

Jusqu'à cette date l'armoire, essentiellement bourgeoise, garde un aspect austère de type Louis XIV avec des moulurations prononcées et des pieds en boules aplaties dits aussi pieds «miches».

Ses formes s'allègent ensuite : les moulurations des panneaux des portes s'organisent en courbes et contrecourbes ou motifs à plusieurs lobes, la traverse du bas est chantournée, les pieds également, qui prennent aussi la forme d'escargots. Toutefois, la corniche demeure le plus souvent droite.

Sur les plus riches figurent, soit des motifs sculptés notamment floraux, soit des incrustations et marqueteries dont les fameuses étoiles, soit encore une combinaison de plusieurs types de décors. Dans ces modèles du milieu du XVIIIe siècle apparaissent – sauf dans la Meuse – deux tiroirs dans le bas. Le tiroir unique, aussi large que la traverse, est plus rare, dans tous les cas plus tardifs. Rarement haute dans les maisons rurales, l'armoire présente des dimensions plus importantes dans les châteaux ou les demeures bourgeoises.

Buffets

Il existe de très nombreux types de buffets, notamment à deux corps.

Les buffets bas à hauteur d'appui sont classiques : une charpente Louis XV avec traverse chantournée, deux portes surmontées de tiroirs ou encadrant une série de tiroirs. Il existe des modèles dont les côtés sont à pans coupés encadrant un corps central à porte ou à tiroirs. Le décor est le même que celui des armoires. Les deux corps sont de tous les types possibles. Deux corps à retrait, deux corps aux éléments de même profondeur et de même largeur. Ils sont également fort souvent composés de deux corps qui semblent être des meubles différents : la partie haute repose sur la partie basse avec de petits pieds cambrés.

Certains corps supérieurs sont équipés d'armoires latérales qui encadrent une niche ou desserte centrale; c'est là le type le plus répandu. Ces deux corps atteignent parfois des dimensions très importantes avec quatre, cinq, voire six portes. Généralement d'allure Louis XV (la corniche demeure pourtant rectiligne), c'est un des meubles les plus répandus en Lorraine.

Ils sont souvent à l'origine de pièces composites à multiples usages. On note particulièrement la présence de deux corps dont le corps du bas est équipé au-dessus des portes d'un compartiment fermé par un abattant incliné ou droit qui, une fois ouvert, est utilisé comme une tablette. Ce modèle est particulièrement fréquent dans la région de Lunéville, également autour d'Épinal.

Dans la même famille, on compte des cabinets-secrétaires dont l'abattant forme une table à écrire. Au chapitre des meubles composites et multi-fonctionnels, mentionnons aussi les commodes secrétaires.

Vaisseliers

Plus répandus encore, notamment dans les demeures rurales, les vaisseliers-dressoirs, véritable vitrine des trésors de la famille, signe extérieur du statut social. Certains ont justifié cette omniprésence du vaisselier-dressoir par l'existence de nombreuses faïenceries dans la province : Lunéville, Saint-Clément, Niderviller. C'est là une explication un peu courte. Malgré une production faïencière importante à Strasbourg, le vaisselier est un meuble rare en Alsace. En Lorraine, comme dans les autres régions où ce meuble est fréquent, on rencontre tous les types de vaisseliers avec toutes ses variantes : corps du bas à deux, trois, quatre, cinq ou six portes, corps du haut avec ou sans fond, à trois, quatre ou cinq étagères, les tablettes prises dans un encadrement de menuiserie ou soutenues par des colonnettes tournées. Par contre, particularité lorraine, ces tablettes ne sont jamais bordées de galeries : une rainure est creusée au bord de la partie basse de la tablette, le marli de l'assiette s'y encastre et le bord opposé s'appuie contre le fond.

Certains vaisseliers, le plus souvent de type Louis XV (là aussi avec corniche droite) sont équipés d'une horloge soit centrale, soit latérale.

Tables

Dans les demeures bourgeoises, les tables lorraines, comme dans d'autres régions, copient les productions parisiennes en bois naturel. Les tables de type Louis XIII au plateau rectangulaire porté par quatre pieds droits ou tournés avec entretoise en H meublent les demeures plus modestes. Une caractéristique toutefois (non exclusivement lorraine) : il arrive que parmi les toupies qui ornent les traverses tournées, la centrale se développe au point de former un cinquième pied. Il y a des tables à allonges soit à l'italienne, soit avec un plateau central pliable grâce à un système de charnières.

Parmi les tables à système figurent des tables rondes démontables ou basculantes, qui ne sont apparues qu'au XIXe siècle. Dans le sud-ouest de la Lorraine, dans le Bassigny, il existe des tables rondes, généralement de petites dimensions, à deux plateaux réunis par trois pieds obliques.

Les tabourets de dentellière de la région de Méricourt ne sont pas des sièges mais en fait de petites tables destinées aux tambours : leur plateau est constitué d'une planchette supportée par trois pieds obliques.

Sièges

Si les sièges destinés à l'aristocratie et à la bourgeoisie épousent les formes parisiennes, la chaise typiquement lorraine perpétuera jusqu'au XIXe siècle la chaise à vertugadin du XVIe siècle : toute en bois,

bien verticale, dossier légèrement incliné et ajouré, pieds tournés, siège légèrement trapézoïdal. On rencontre également des bancs, des selettes, les premiers présentant parfois un dossier réversible grâce auquel, d'un côté on prenait place devant la cheminée, de l'autre, on se mettait à table. Quand à la selette, il s'agit du classique tabouret tripode. Les sièges paillés, sans éléments strictement lorrains, feront leur apparition au XIXe siècle.

Lits

Des lits, il n'y a rien de particulier à signaler : le classique lit d'alcôve parfois accolé à une armoire est fort répandu dans les régions montagneuses. Les lits à colonnes, puis à baldaquin, verront leur usage se développer au fur et à mesure que le niveau de vie de la population augmente.

Dans la Lorraine dite allemande, la traverse latérale porte assez souvent un décor marqueté. De même les bois des pieds, des colonnes et des panneaux pouvaient être peints. Les berceaux présentent des formes classiques et certains sont décorés de symboles peints ou sculptés destinés à protéger l'enfant des maladies ou du mauvais sort.

Horloges

Les horloges sont très nombreuses dans l'est de la France. Apanage de l'aristocratie et de la bourgeoisie jusqu'au XVIIIe siècle, elles sont diffusées dans les milieux populaires au XIXe siècle. Elles présentent une grande variété de types, le plus connu ayant une corniche cintrée ou en chapeau de gendarme, une gaine droite ou bombée (forme violonée dans les Vosges) et de petits pieds cambrés. Les cadrans en cuivre repoussé ou estampé, en faïence ou en étain, sont décorés de motifs populaires, quelquefois de signes faisant état de l'appartenance politique de son propriétaire ou plus simplement d'attributs classiques : gerbes liées, fruits, motifs fleuris, animaux, etc. Souvent la gaine est percée d'un oculus qui permet d'observer le mouvement du balancier.

Bois et ferrures

Le chêne est le bois le plus employé en Lorraine. Sont également très utilisés le noyer, les fruitiers, cerisier et merisier notamment, mais aussi le hêtre.

Le sapin, bois type des régions de montagne, sert également à confectionner les fonds de meubles, intérieurs de tiroirs et rayonnages d'armoires et buffets.

Les ferrures découpées et ajourées ne manquent pas dès que le meuble est d'un certain niveau de qualité. Les fiches, parfois en cuivre, surtout au milieu du XVIIIe siècle, se terminent par des motifs de petits vases.

Enfilade à quatre panneaux en merisier, corps d'horloge à une extrémité. Début du XIXe.

(Doc. Étude Martin, Desbenoit, Versailles.)

*Coffre en chêne sculpté.
Fin du XVIIIe.*

(Doc. Étude Guérin, Saint-Dié.)

*Coffre en chêne, compartiments
à décor de façade architecturale,
décor géométrique. XVIIe.*

(Doc. Étude Guérin, Saint-Dié.)

Armoire en bois naturel mouluré et sculpté,
deux vantaux, fronton décoré de deux oiseaux
– colombes ou pigeons se becquetant –
rinceaux fleuris, marguerite, modèle dit de mariage.

(Doc. Étude Jivoult, Épinal.)

Armoire à deux portes,
chacune à trois panneaux moulurés,
corniche cintrée, chêne. XVIIIe.

(Doc. Étude Holz, Arles.)

186

*Armoire en chêne sculpté,
décor sur les panneaux, au fronton
et sur le dormant. XVIIIe.*

(Doc. Étude Loiseau, Schmitz, Saint-Germain-en-Laye.)

*Deux corps composé de deux buffets
posés l'un sur l'autre,
bois naturel avec motifs d'étoile marqueté
au centre des panneaux, et motifs de chevrons
et encadrement des panneaux
pour le corps supérieur, chêne incrusté.*

(Doc. Étude Jivoult, Épinal.)

*Deux corps formant scriban
en bois naturel mouluré et sculpté.*

(Doc. Étude Thion, Louviers.)

Meuble de rangement formant bureau, deux corps. XVIIIe.

(Doc. Étude Damoisy, Guizzetti, Reims.)

*Large buffet en chêne sculpté,
corps du bas à quatre vantaux
surmonté de deux abattants en pente,
corps du haut à trois panneaux.
Travail vosgien. XVIIIᵉ.*

(Doc. Étude Guérin, Saint-Dié.)

*Vaisselier en bois naturel
mouluré et sculpté. XVIIIe.*

(Doc. Étude Damoisy, Guizzetti, Reims.)

Buffet vaisselier en bois fruitier
mouluré et sculpté. XVIIIᵉ.

(Doc. Étude Chayette, Paris.)

193

*Dressoir en bois naturel mouluré et sculpté,
corps inférieur à deux tiroirs et deux panneaux chantournés
partie supérieure à trois étagères.
XVIIIe. Région messine.*

(Musée d'Art et d'histoire, Metz.)

Bureau de pente en bois de placage.
Nancy. XVIIIᵉ.
Commandé par M. Obeneau, directeur général
des Fermes du roi à Nancy.

(Doc. Étude Couturier, de Nicolay, Paris.)

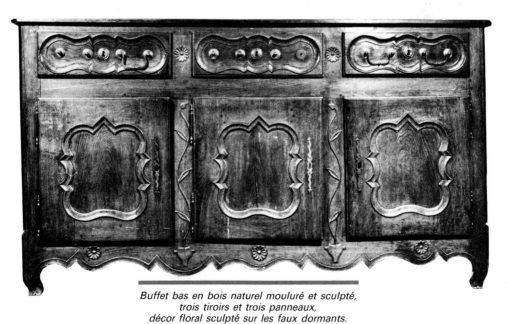

Buffet bas en bois naturel mouluré et sculpté,
trois tiroirs et trois panneaux,
décor floral sculpté sur les faux dormants.
XVIIIᵉ. Région messine.

(Musée d'Art et d'histoire, Metz.)

Commode à trois rangs de tiroirs,
bois de placage marqueté en façade
et sur les côtés de motifs géométriques.
Nancy. Époque Transition Louis XV - Louis XVI.

(Doc. Étude Guérin, Saint-Dié.)

E. Gallé. Vitrine «aux ombelles».

(Doc. Étude Rieunier, Paris.)

Musées

88. ÉPINAL

Musée départemental, 1, place Lagarde.

57. METZ

Musée d'art et d'histoire, 2, rue du Haut-Poirier.

54. NANCY

Musée historique lorrain, Palais ducal, 64, Grande-rue.

Musée de l'École de Nancy,
36-38, rue du Sergent-Blandan.

88. REMIREMONT

Musée municipal Charles de Bruyères,
70, rue Charles-de-Gaulle.

57. THIONVILLE

Musée de la Tour-aux-Puces, cour du Château.

55. VERDUN

Musée de la Princerie, 16, rue de la Belle-Vierge.

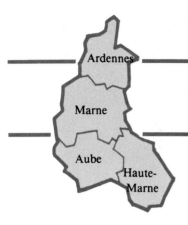

Ardennes

Marne

Aube

Haute-
Marne

La Champagne et les Ardennes

La région traitée dans ce chapitre correspond à quatre départements : l'Aube, la Marne, la Haute-Marne et les Ardennes, ce dernier traité séparément en raison de son originalité. Ces frontières administratives ne correspondent qu'improprement aux contours de la Champagne historique, d'ailleurs très fluctuants au cours des siècles. Une date est à retenir : 1361. Cette année marque le rattachement définitif de la Champagne à la couronne de France. L'ancienneté de ce lien n'a sans doute pas permis l'épanouissement d'un style propre. L'influence des provinces voisines, Picardie, Ile-de-France, Lorraine, explique que l'originalité du mobilier champenois soit limitée. En dehors des périodes de conflits, nombreuses au cours d'une histoire cahotique, la Champagne a connu pour les siècles qui nous intéressent, dès le XVIIIe, une prospérité liée au succès du vin de Champagne et au renom de son industrie textile. Pourtant, les marques de cette bonne santé économique ne s'inscriront pas dans le mobilier. La relative proximité de Paris, le fait que Reims soit une ville royale en raison du sacre, encourage nobles et riches bourgeois à faire venir leurs meubles de Paris, du faubourg Saint-Antoine ou des fournisseurs de la Cour pour les plus riches ou les plus vaniteux.

Cette influence parisienne s'exercera sur les productions locales, en particulier pour les commodes et les bureaux d'inspiration Louis XV ou Louis XVI, le plus souvent en bois naturel, quelquefois incrustés, plus rarement en bois de placage marquetés.

La maison champenoise

Si les demeures de l'aristocratie ou de la haute et moyenne bourgeoisie copient les modèles parisiens, différenciant les pièces selon leur fonction, l'intérieur paysan se compose de deux pièces principales, la cuisine et la chambre appelée aussi poêle. Pour les plus cossus la chambre renferme quelques beaux meubles, pour les autres c'est dans la cuisine, pièce commune où l'on vit et où l'on reçoit, que trônent les principaux meubles. Soulignons que dans certains endroits de la Champagne, cette cuisine, comme en Picardie, est appelée «la maison».

197

Coffres

Au chapitre des meubles de rangement, si les coffres des XVIIIe et XIXe siècles sont rares, il en existe du XIVe siècle comme en témoignent les exemplaires conservés à Troyes au musée de Vauluisant.

Armoires

La plupart du temps, l'armoire arbore une structure, des formes et un décor classique : les moulurations sont légères et combinent des éléments empruntés au Louis XV et au Louis XVI. Certaines sont équipées d'un tiroir dans le bas, la corniche est généralement droite. Le décor, assez austère, ne comporte souvent que des éléments isolés et parfois des incrustations de bois plus clair en forme d'étoile, un motif qui n'est pas typiquement champenois mais qui peut être facilement tracé au compas. Quelques armoires, le plus souvent dans la région des Crêtes, présentent, notamment à la base, une décoration végétale.

Deux corps, vaisseliers et buffets

Les deux corps champenois présentent un aspect robuste. Les formes s'inspirent d'un Louis XV édulcoré : des courbures à peine esquissées tant pour la corniche que pour les moulures des panneaux. Les pieds sont en «escargot», spirale évoquant la coquille du gastéropode. On trouve également, mais beaucoup plus rarement, des deux corps aux silhouettes Directoire caractérisées par des lignes droites et un décor de losanges. Le corps supérieur est généralement moins large et moins profond que le corps du bas, l'un et l'autre à deux vantaux le plus souvent. Le dormant entre les deux portes est généralement assez large. Les tiroirs sont situés soit dans le corps du bas, soit en ceinture.

On rencontre également des modèles plus importants, à trois ou quatre portes pour le corps supérieur, la partie centrale du corps inférieur étant alors équipée de larges tiroirs comme sur certains deux corps lorrains. Sobre, le décor, souvent de branches fleuries, inscrit sur les panneaux, de haut en bas selon la richesse du meuble... et de son propriétaire. A souligner la rareté des deux corps équipés d'une horloge centrale.

Le vaisselier champenois, appelé ménager, est fréquent dans les demeures paysannes. En chêne ou en fruitier, il présente deux corps le plus souvent d'égale largeur. Celui du bas est en fait un buffet bas à deux ou trois portes, surmontées ou non de tiroirs ; celui du milieu est parfois équipé d'une serrure. Le corps supérieur, avec ou sans fond, est composé de plusieurs étagères, généralement au nombre de trois, soutenues par des montants droits ou en balustre. Un simple rebord mouluré sur chaque tablette permet de maintenir les plats et assiettes qui s'appuient sur le fond ou sur le mur. Les formes et les décors s'apparentent très étroitement à ceux des armoires et des deux corps classiques.

Il existe plusieurs types de buffets bas. On en trouve d'étroits à une seule porte avec un tiroir à la partie supérieure, en plateau. Un modèle à deux portes et deux tiroirs, très classique, avec quelques chantournures à la traverse du bas, prédomine dans l'Aube. Dans la Marne, il présente un profil plus élancé en raison de sa plus haute taille. Enfin, on trouve également des buffets à trois portes surmontées de tiroirs ou des buffets à trois éléments, une rangée de tiroirs séparant les deux portes.

Tables

Outre les tables classiques dites de ferme, à large plateau sur un piétement solide aux pieds carrés ou tournés réunis par des traverses en H, on trouve des tables dites garde-manger, avec un dessus à glissière permettant de placer des denrées dans l'espace aménagé dans la traverse. Héritées de la Picardie, citons les tables à plateau basculant et les tables à pain, moins fréquentes cependant que dans la province voisine.

Sièges

Il n'existe pas de sièges particuliers en Champagne. On retrouve le fameux tabouret à traire et les chaises et fauteuils paillés. Dans la région de Bar-sur-Aube, on relève la présence de longs bancs à trous destinés, en plus de leur fonction première, à faire sécher les bouteilles.

Lits

Si les lits en orme ou en chêne étaient souvent peints en gris clair, leur structure diffère peu de celle des lits classiques avec un montant plus important, plus haut, à la tête qu'au pied. Dans le Bassigny, région située au sud-est du Bassin parisien et au nord du plateau de Langres. Il y avait des lits d'alcôve, à demi encastrés dans un coin de la chambre ou de la salle commune, parfois muni d'un chevet destiné à recevoir des bouteilles.

Horloges

En raison de leur hauteur, souvent plus de deux mètres, les horloges ne manquent pas d'élégance. Leur gaine, en fruitier ou en chêne, sont munies d'un piétement carré ou de petits pieds galbés. Le décor est inexistant ou constitué de simples moulures, voire de petites sculptures, ou encore, pour les plus riches, d'incrustations utilisant des bois de tonalités différentes. La tête s'évase ou reste droite. Dans tous les cas, ou presque, elle est surmontée d'une corniche au cintre plus ou moins accentué. Les cadrans, classiques, sont en faïence souvent exécutés dans les fabriques de l'est, en étain ou encore en cuivre estampé avec une ornementation plus ou moins abondante. Dans l'Aube, on rencontre des horloges couvertes de motifs (fleurs et oiseaux) peints de couleurs vives.

Meubles d'appoint

La cuisine ou la salle commune comptent également quelques petits meubles d'appoint qui viennent compléter le buffet : la maie et le pétrin d'aspect classique, certains caractérisés cependant par un piétement plus bas. Citons le porte-essuie, meuble parfois équipé d'une étagère, fixé au mur, soutenant un rouleau portant une serviette ; le godelier, genre de ratelier en applique destiné à ranger cuillères, fourchettes et autres instruments légers ; le salignon enfin, un coffre à sel pouvant prendre la forme d'une pyramide tronquée.

Citons encore la sillière, placard à une ou deux portes, la partie supérieure masquant l'évier éventuel ; le seau qui donne son nom au meuble trouve sa place dans le bas, sous l'évier.

 Bois et ferrures

Composée à l'origine de bouleaux, de chênes et de hêtres puis, plus tardivement d'épicéas, l'immense forêt des Ardennes constitua un important réservoir à bois pour les menuisiers ardennais et champenois. Si le chêne domine largement les bois choisis pour les meubles de rangement – les buffets et vaisseliers notamment – certaines armoires, souvent les plus belles, sont en noyer. Les lits sont presque exclusivement en chêne ou en orme. Certains bois fruitiers comme le cerisier ou le merisier sont employés pour des buffets bas, des corps d'horloge et des commodes.

Les ferrures en fer forgé, plus rarement en laiton, sont simples ; les plus travaillées arborent quelques timides galbes aux accents Louis XV, peu pansus, l'esquisse de courbures.

 **Le mobilier ardennais**

Ignorant la géographie, l'histoire a découpé les Ardennes en trois territoires appartenant respectivement à la Belgique, à la France et au Luxembourg.

Région rude, les Ardennes, dont le nom d'origine celtique évoque à la fois l'altitude et la forêt, ont longtemps offert un cadre de vie austère, peu favorable à la création d'un mobilier luxueux. On retrouve la plupart des meubles rencontrés dans les régions voisines : armoires, vaisseliers sans fond, dresses rappelant les traites picardes, deux corps, etc.

A mentionner le bury ou encore buirier, sorte d'armoire dont la partie basse aurait été évidée, munie d'une étagère en retrait et d'une petite barrière en façade, délimitant un espace destiné à recevoir, à l'origine, les instruments utilisés pour le traitement du lait.

Le mobilier ardennais se distingue par quelques caractéristiques d'ordre structurel ou ornemental.

D'ordre structurel d'abord : le dormant des parties basses ou hautes est d'une plus grande largeur que sur les meubles des régions voisines.

Dans le domaine ornemental : si les styles habituels comme le Louis XV atténué ou le Directoire ainsi que quelques éléments Louis XVI dominent, il existe des moulurations ovales, ovoïdes ou oblongues, rappelant la forme d'un œil, plus fréquentes qu'à l'ordinaire. On rencontre également sur les tiroirs ou sur les panneaux un motif d'origine liégeoise dit «au cordonnet» formant des dessins en coups de fouet.

Autre héritage du savoir-faire liégeois, il n'est pas rare que les ornements rocailles ou Louis XVI, comme les chutes de fruits, guirlandes et moulures soient exécutés non pas directement sur les panneaux du meuble mais rapportés et collés, technique peu habituelle ailleurs.

*Deux corps en bois naturel mouluré et sculpté,
corps du haut en retrait avec petits tiroirs,
caractéristique par son large dormant. Fin XVIIIe.*

(Doc. Étude Savot, Orléans.)

*Buffet deux corps en bois naturel mouluré,
fronton très légèrement cintré.*

(Doc. Étude Archambault, Vitry-le-François.)

Vaisselier dit ménager en bois naturel
mouluré et sculpté,
corps supérieur plus étroit
que le corps du bas. XVIIIe.

(Doc. Étude Archambault, Vitry-le-François.)

Vaisselier, XVIIIe-XIXe siècle,
provenant de La Chaussée-sur-Marne.
Il est garni de faïences des Islettes et de Lunéville.

(Musée municipal, Châlons-sur-Marne).

*Vaisselier, XVIIIe siècle, provenant d'Hautvillers.
Le présentoir est très peu saillant;
il est garni d'assiettes de Waly.*

(Musée Garinet, Châlons-sur-Marne).

*Chaise, époque Directoire,
provenant de Châlons-sur-Marne.
Dossier avec un élément sculpté ajouré :
une fleur dans un cercle.*

(Musée municipal, Châlons-sur-Marne.)

Musées

51. CHÂLONS-SUR-MARNE
Musée Garinet, 13, rue Pasteur.
Musée Municipal, place Godart.

08. CHARLEVILLE-MÉZIÈRES
Musée de l'Ardenne, Vieux-Moulin,
quai Arthur-Rimbaud.

51. ÉPERNAY
Musée des Beaux-Arts, 13, avenue de Champagne.

52. LANGRES
Musée Du Breuil de Saint-Germain,
2, rue Chambrulard.

51. REIMS
Ancien collège des Jésuites, 1, place Museux.

10. TROYES
Musée historique de Troyes et de la Champagne,
4, rue de Vauluisant.

La Bourgogne

«La Bourgogne, a dit Michelet, est un "seuil de passage".» Aucune limite géographique naturelle, en effet, et un passé historique prestigieux caractérisent cette province.

Le mobilier en sera influencé : d'une part, il emprunte beaucoup, dans sa version populaire, aux régions limitrophes; d'autre part, il connaît, très tôt, un développement éclatant dans certaines cités comme Dijon et Beaune, avec une production très raffinée à l'usage des seigneurs et des dignitaires ecclésiastiques.

Lieu de passage, la Bourgogne couvre les départements de la Côte-d'Or, avec Dijon, jadis capitale du duché, aujourd'hui siège de l'administration régionale, la Saône-et-Loire, une partie de l'Yonne, de la Nièvre, de l'Aube et de l'Ain. Elle s'étend, au nord, jusqu'à la Champagne, au sud jusqu'au Beaujolais. Elle est limitée à l'est par la Franche-Comté, à l'ouest par le Nivernais et le Bourbonnais. Elle se divise en deux parties. La Basse-Bourgogne comprend les régions septentrionale et centrale; les cités de Dijon et de Beaune en font partie et seront tôt promises à un essor économique et artistique exceptionnel mais aussi une partie du Morvan, pauvre, aux conditions de vie rudes où la production mobilière restera rudimentaire et fonctionnelle.

La Haute-Bourgogne et les régions vinicoles, limitées par le Beaujolais et le Mâconnais subissent l'influence du sud de la France et de l'Italie. Les artisans y feront preuve de beaucoup plus de fantaisie. La Bresse, partie de la Bourgogne sous l'Ancien Régime, fait l'objet d'un chapitre distinct.

Le mobilier bourguignon aristocratique

A l'époque où la plupart des autres provinces ne connaissent guère qu'un ameublement à peine ébauché que les seigneurs transportent d'une demeure à l'autre, la Bourgogne se singularise par une production de haut niveau.

En effet, dès le XIVe siècle, Philippe le Hardi, duc de Bourgogne et seigneur des Flandres, fait venir à Dijon des sculpteurs sur bois. Parmi eux, Jehan de Fenain et Jehan de Liège, «charpentiers». Ils furent les premiers à exécuter des chayères et des stalles pour les églises et les abbayes. On peut, encore aujourd'hui, admirer au musée de Dijon quelques exemples de ces sièges.

Au XVIe siècle, Hugues Sambin, sculpteur et architecte, est à l'origine d'une école qui restera florissante plusieurs décennies durant. Le style Sambin, influencé par l'Italie et la Renaissance, foisonne de motifs riches et exubérants : cariatides, masques, muffles de lion, guirlandes, scènes mythologiques envahissent des meubles très construits, architecturés.

Au XVIIIe siècle, s'installe une dynastie d'ébénistes, les Demoulin; formés à Paris, leur style ne possède pas de caractère régional. Le mobilier bourguignon de luxe disparaît donc avec le XVIIIe siècle, au moment où se répand le mobilier rustique.

Le mobilier bourguignon rustique

Bourgeois et marchands commandent les pièces au menuisier du village qui travaille parfois à domicile. Les caractères régionaux s'affirment et se différencient. Au nord, en Basse-Bourgogne et dans le Dijonnais, les formes sont rigoureuses, presque austères, les lignes sont droites et la tradition du style Louis XIII restera vivace jusqu'au milieu du XIXe siècle.

Dans le sud et la région du vignoble, au contraire, les artisans font preuve de plus d'imagination : les lignes s'incurvent, les motifs Louis XV d'abord, puis les Louis XVI apparaissent. On en fera grand usage.

La ferme bourguignonne

Il y a, en Bourgogne, deux sortes d'habitations : la maison du paysan et celle du vigneron. La première se trouve dans les régions agricoles, principalement le Charolais et l'Auxerrois. C'est une demeure longue et basse, accolée souvent aux bâtiments de ferme, avec un pigeonnier d'angle. Construite en pierre, elle possède de rares ouvertures, surmontées parfois de linteaux sculptés. Le toit robuste, assez pentu, peut être en pierres plates ou en tuiles, quelquefois vernissées. Au sud, les pentes du toit sont plus douces et la tuile ronde remplace la tuile plate.

Le rez-de-chaussée se compose de plusieurs pièces en enfilade. La cheminée, très importante, occupe un côté de la salle commune. L'évier est placé sous une petite fenêtre et les eaux usées s'écoulent directement à l'extérieur. Les murs sont blanchis à la chaux et le sol couvert de dalles de pierre.

La maison vigneronne dans le Mâconnais et en Côte-d'Or est une demeure surélevée, bâtie au-dessus du pressoir et du cellier. L'habitat se trouve au premier : un balcon de bois surmonté d'un auvent ceinture tout l'étage.

L'essentiel du mobilier est disposé dans la cuisine où vit toute la famille. La cheminée, dans les maisons en pierre, est souvent encadrée de deux grands placards en noyer, aux portes sculptées.

Non loin de l'âtre sont installées la chaise à sel et une petite table à pieds tournés pour les maîtres. Elle est accompagnée de sièges paillés. Plus loin, une longue table étroite avec des bancs sans dossiers pour la domesticité. Le long des murs se trouvent, selon l'aisance de la famille, un ou plusieurs buffets et vaisseliers, une armoire, un pétrin... Il n'est pas rare que le lit des maîtres, caché par une alcôve ou des rideaux, occupe un angle de la salle.

Caractères généraux et structure

Plutôt simples, sauf dans le sud de la province, élégants, d'une exécution soignée, les meubles bourguignons, hauts et larges, atteignent volontiers des proportions généreuses ; certains, particulièrement imposants, étaient fabriqués sur mesure pour un endroit déterminé. Ceci n'empêche nullement, à côté, une grande variété de petits meubles.

En Basse-Bourgogne, le mobilier, d'une forme quasi architecturale, est carré, parfois même un peu massif sous l'influence de la Lorraine proche. La construction y est toujours techniquement poussée. En Haute-Bourgogne, au contraire, celle-ci est plus sommaire mais la recherche décorative plus étendue. Au nord prédominent la ligne droite et le style Louis XIII ; au sud, on adopte volontiers la ligne courbe et le style Louis XV.

Les pieds en miche ou « flamusses », pieds ronds applatis, sont très caractéristiques du style bourguignon. Ils peuvent atteindre des proportions imposantes et sont souvent amovibles.

Dans la région méridionale, les pieds de biche ou les pieds enroulés en escargots sont fréquents, inspirés de modèles du midi de la France.

Motifs décoratifs

Les thèmes sont extrêmement variés et diffèrent selon les époques et les lieux.

Les motifs « Renaissance » ornent les meubles bourgeois du XVIe et du début du XVIIe siècle, de l'école de Sambin. Des scènes complètes, des figures, des cariatides, des masques et toutes sortes de motifs forment un décor d'une grande fantaisie et d'une grande exubérance. En un mot, le meuble est traité comme une sculpture.

Les moulures sont très soignées et utilisées dans l'ensemble de la province. La plupart du temps, elles ne sont pas ajoutées mais prises dans l'épaisseur du bois. Superposées et en forte saillie, elles forment, au faîte des meubles, des avancées prononcées, souvent répétées à la base. Droites sur les meubles d'inspiration Louis XIII, les moulures adoptent des lignes courbes sur ceux d'inspiration Louis XV et peuvent, alors, se terminer en enroulements et motifs floraux.

Traitées de façon simple ou plus élaborée, les *pointes de diamants* abondent sur toutes sortes de meubles. Cela va des simples étoiles et losanges jusqu'aux croix de Malte ou de Saint-André. Leur relief d'abord prononcé tend à diminuer à partir de la fin du XVIIIe siècle. Elles prennent alors le nom de demi-pointes de diamants.

Inspirés par les grands styles parisiens, les motifs typiques du XVIIIe siècle sont adoptés surtout en Haute-Bourgogne et dans les régions vinicoles : coquilles parfois déformées en éventails, fleurs avec prédominance de la marguerite, touffes de feuillages caractérisent le style Louis XV ; rubans, fleurs et paniers, le style Louis XVI.

Des œillets et des épis de blé mais aussi, dans le vignoble, des sarments, des grappes de raisin, des feuilles de vigne. Parfois aussi apparaissent quelques ustensils ménagers, dont la soupière.

Buffet bas à façade galbée,
trois panneaux moulurés, deux portes,
ressaut central, dessus de marbre. XVIIIe.

(Doc. Étude Rabourdin, Choppin de Janvry, Paris.)

Coffres

Le coffre fut, comme dans la plupart des régions, le premier meuble qu'utilisèrent les paysans. Il n'existe pas de modèle spécifiquement bourguignon. D'abord réservé aux objets précieux, le coffre servit ensuite à ranger les vêtements, puis le bois ou le grain. Les coffres de mariage n'ont pas de caractéristiques particulières.

Armoires et bonnetières

L'armoire bourguignonne présente une particularité que l'on ne trouve nulle part ailleurs : elle se compose de deux parties, basse et haute s'emboîtant parfaitement. Cette construction permettait un montage aisé, même lorsque le meuble était de grande taille.

Parmi les types d'armoires, le plus répandu est un modèle de style Louis XIII, à pointes de diamants, avec une corniche et une base saillantes reposant sur des pieds amovibles en raves ou en miches.

Les armoires d'esprit Louis XV apparaissent surtout à partir du XIXe siècle. Elles sont d'un seul tenant, avec des lignes galbées et reposant soit sur des pieds boules soit sur des pieds biches. Enfin, on trouve aussi quelques armoires à colonnes d'inspiration Empire.

La bonnetière n'est pas très haute. C'est plutôt, en Bourgogne, une sorte de petite armoire aussi profonde que large, construite dans l'esprit du XVIIe siècle. Le décor dominant est la pointe de diamants.

Buffets et vaisseliers

Le buffet à deux corps, souvent de vastes proportions, comportant deux, parfois trois portes, est fort répandu. Il est peu sculpté, avec des pieds en miche ou en rave et une corniche saillante. Dans les régions proches de la Bresse, on y adjoint parfois une horloge.

Le corps supérieur est d'ordinaire en retrait. Toutefois, quelques modèles adoptent une construction originale avec une partie haute plus importante qui semble écraser le bas du meuble. Le buffet deux corps est en général d'esprit Louis XIII.

Les buffets un corps sont surtout utilisés aux confins de la Champagne ou au contraire dans le sud de la Bourgogne. Ils sont assez hauts et ne possèdent que rarement des tiroirs.

Les vaisseliers, équipés de portes latérales, sont simples et utilitaires, dans une province où la céramique n'est guère abondante. Au voisinage de la Bresse, ils prennent plus d'importance.

Tables

La table n'apparaît guère dans le logis paysan avant le XVIIe siècle. La table bourguignonne est, d'ordinaire, étroite et longue, avec un épais plateau reposant sur des pieds balustres. Le dessus peut quelquefois se soulever, découvrant un coffre, mais plus souvent, la table est équipée de larges tiroirs destinés à recevoir les couverts mais aussi le pain ou les restes du repas. Aux approches de la Bresse, on trouve des tables à plateaux pivotants laissant apparaître un espace garde-manger.

Il y a également de nombreuses petites tables rondes à plateaux basculants qui peuvent se ranger le long du mur.

Sièges

Les sièges sont de deux sortes : en bois plein ou paillés. Les premiers sont antérieurs aux seconds. Ce sont des bancs-coffres, des tabourets, des chaises à sel, des bancs de table et des chaises de type lorrain avec un dossier en forme de cadre. Les sièges paillés apparaissent au XVIIIe siècle et se répandent dans toute la province. Appelés sièges «bonne femme», ils ont des dossiers découpés en lyre ou en gerbe. Ils sont d'ordinaire trapézoïdaux et assez bas.

Commode en bois naturel mouluré
à trois rangs de tiroirs. Époque Louis XV.

(Doc. Étude Machoir, Semur-en-Auxois.)

 **La commande d'un mobilier**

Le mobilier était commandé bien avant le mariage et les arbres parfois choisis quelque vingt ans plus tôt, lors du baptême de l'enfant.

La fiancée apportait d'ordinaire et en vue de son mariage l'armoire avec le trousseau, le lit et la literie. Le futur mari se chargeait des autres meubles et souvent de l'horloge. On y joignait, dans les régions vinicoles, la tasse à vin offerte au marié dans laquelle il devait boire au cours du repas de noces, et la coupe de mariage pour la jeune épousée. A la naissance de chaque enfant, on la remplissait de vin chaud que l'on donnait à boire à la jeune accouchée.

Le modèle des meubles était choisi après discussion et présentation de plusieurs projets. L'artisan menuisier travaillait quelquefois au domicile des parents de la future mariée. Ceux-ci pouvaient aussi faire appel à des compagnons effectuant leur Tour de France, dont l'ouvrage présentait alors la marque d'une influence extérieure.

Le meuble pouvait être daté pour rappelé la naissance d'un nouveau foyer. Il portait parfois les initiales de la fiancée mais l'artisan ne le signait pratiquement jamais.

Le métier de menuisier avait souvent un caractère dynastique; l'outillage comme le savoir-faire se transmettait de père en fils, les modèles aussi. Leur exécution était le résultat d'une sorte de compromis entre les goûts du commanditaire et l'art du menuisier qui évitait de se répéter.

Lits

Le lit bourguignon, à colonnes surmontées d'un baldaquin, est élevé et pourvu d'un marchepied-coffre permettant de serrer les vêtements. Pour se défendre du froid l'hiver, il est abondamment enveloppé de rideaux.

Pétrins et commodes

Le pétrin, à plateau pivotant, est simple et robuste, sans décoration et parfois relégué au fournil. Lorsqu'il est dans la salle commune, il est affecté à plusieurs usages. Il devient pétrin-table, pétrin-buffet ou encore pétrin-commode avec un dessus se soulevant et deux grands tiroirs dans la partie inférieure.

La commode, meuble courant, est cependant peu typique. Les différents modèles, en effet, sont très proches de ceux exécutés par les artisans parisiens. Seules diffèrent une apparence plus rustique, une construction plus rudimentaire et les essences de bois utilisées.

On en trouve de plusieurs sortes : la commode ventrue, d'esprit Louis XV, bien ramassée, avec trois tiroirs. Elle est parfois sculptée et repose sur des pieds de biche. Un autre modèle, d'esprit Louis XVI, plus allongé, ne possède que deux tiroirs.

Horloge

Sous l'influence de la Franche-Comté proche, l'horloge est un élément important du mobilier bourguignon. Les modèles sont extrêmement variés. Les horloges, en effet, peuvent être pyramidales, droites ou violonées. Ces dernières sont les plus récentes mais aussi les plus élégantes. Les horloges étaient souvent importées. Lorsqu'au contraire, elles étaient fabriquées sur commande, les artisans locaux laissaient libre court à leur imagination, essayant de personnaliser le meuble. Le cadran, émaillé, ne compta longtemps qu'une seule aiguille que l'on arrêtait lors d'un décès.

Bureaux, bibliothèques et fontaines

Témoin de l'aisance et du degré d'instruction du maître de la maison, le bureau pénètre assez tôt dans les régions vinicoles. Le modèle dos d'âne, avec de nombreuses cases pour serrer les papiers, est le plus fréquent. Les bureaux sont généralement en bois fruitier. Il existe aussi quelques bureaux-bahuts avec un corps plein sans pieds. D'autres modèles forment bibliothèque. Les *fontaines-lavabos* sont d'un usage assez répandu. En faïence de Nevers ou de Charolles, en cuivre ou en étain, la fontaine repose sur un «bâti de fontaine».

 Bois et ferrures

La région, géographiquement très diverse, fournit quantité d'essences. Le noyer sera le plus souvent utilisé pour les meubles bourgeois «Renaissance».

Les menuisiers utiliseront, plus tard, des bois fruitiers : poirier, cerisier, merisier... Ces deux derniers particulièrement recherchés, parce qu'ils ne sont pas attaqués par les vers. Le châtaignier et le chêne sont également d'un usage courant, ce dernier bois surtout dans l'est et dans le Morvan. Dans le vignoble au contraire, il est réservé à la confection des cuves, des pressoirs, des tonneaux. Hêtre et mélèze, charme et orme viennent compléter cette gamme particulièrement étendue.

Poignées, fiches et entrées sont en fer forgé, le cuivre n'étant que très rarement utilisé. Peu importantes dans l'ensemble, les garnitures métalliques sont néanmoins très soignées, parfois même délicatement ciselées, notamment les clés et les entrées; ces dernières se terminent souvent en forme de flamme très découpée. Les fiches, élégantes et fines, peuvent atteindre toute la longueur des vantaux. Le fer est fourni par le Morvan où la tradition de la ferronnerie est restée longtemps vivace.

Très rare table à rallonge dite «à l'italienne»
en noyer sculpté de termes et d'un mufle de lion
en relief sur le piètement ajouré d'une arcature
soutenue par deux colonnes doriques
flanqué de chimères ailées en ronde bosse,
terminé par des patins en cuirs découpés
et mascarons, réuni par une traverse d'entretoise
bordée d'une frise de feuilles d'acanthe
reliée au revers du plateau par deux jambages
en forme d'éventail à orifices, coquilles,
têtes de grotesques et fleurs de lys.
L'architecture de cette table, la qualité très exceptionnelle
des sculptures et leur opulence peuvent laisser supposer
qu'elle est l'œuvre du célèbre ébéniste Hugues Sambin,
né à Dijon en 1522.
Seconde moitié du XVIe siècle.

(Doc. Etude Ader, Picard, Tajan.)

Meuble à deux corps, XVIe.
Riche décoration de colonnes, de personnages
et d'animaux. Attribué à Hugues Sambin.

(Musée Lamartine, Mâcon.)

*Deux corps en bois naturel mouluré
abondamment sculpté, école de Hugues Sambin.
Travail d'époque Renaissance.*

(Doc. Étude Sineau, Auxerre.)

*Buffet deux corps en noyer roux,
panneaux moulurés, pieds miches,
cannelures sur le faux dormant. XVIIIᵉ.*

(Doc. Étude Osenat, Fontainebleau.)

Meuble à écrire debout formant secrétaire
en loupe de thuya ou cep de vigne;
il ouvre à un pupitre et un abattant,
deux tiroirs, deux portes et deux tirettes latérales,
derrière les portes, neuf tiroirs.
Région de Dijon. Époque Louis XVI.

(Doc. Étude Oger, Dumont.)

Deux «chaises à bras» pouvant former
paire en noyer torsadé. Époque Louis XIII.

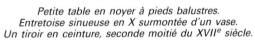

Petite table en noyer à pieds balustres.
Entretoise sinueuse en X surmontée d'un vase.
Un tiroir en ceinture, seconde moitié du XVIIᵉ siècle.

Chaise à bras en noyer, pieds à colonnes.
Seconde moitié du XVIᵉ.

(Doc. Étude Vincent, Paris.)

Musées

71. CHALON-SUR-SAÔNE
Musée Denon, place de l'Hôtel-de-Ville.

58. CHÂTEAU-CHINON
Musée du Costume et du Folklore, rue du Château.

71. CLUNY
Musée municipal Ochier, palais Jean de Bourbon.

21. DIJON
Musée de la vie bourguignonne Perrin-de-Puycousin, 17, rue Sainte-Anne.

71. MÂCON
Musée Lamartine, 41, rue Sigorgne.

58. MARZY
Musée municipal Gautron-du-Coudray, 22, place de l'Église.

71. PIERRE-DE-BRESSE
Écomusée de la Bresse Bourguignonne, Château.

89. TONNERRE
Musée municipal, 22, rue Rougemont.

71. TOURNUS
Musée bourguignon Perrin-de-Puycousin, 8, place de l'Abbaye.

89. VILLIERS-SAINT-BENOÎT
Musée d'Art Régional, rue de la Gare.

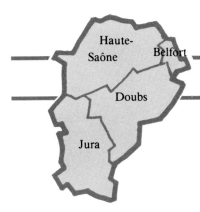

Haute-Saône
Belfort
Doubs
Jura

La Franche-Comté

Correspondant approximativement aux départements de la Haute-Saône, du Doubs et du Jura, la Franche-Comté, ou Comté, a été définitivement rattachée à la France en 1678, malgré les vœux contraires d'une grande partie de la population et après de sanglants conflits.

Cette province de prairies et de forêts est située au sud des Vosges, à l'ouest de la Suisse, au nord de la Bresse, à l'est de la Bourgogne et de la Champagne.

Son activité économique est triple : vigneronne, pastorale et agricole, avec en complément différentes industries à l'origine hivernales comme l'horlogerie.

Aux influences des régions voisines, l'Alsace, la Bourgogne ou la Bresse, s'ajoutent des influences culturelles greffées par l'histoire. On se souvient de la phrase de Victor Hugo, «Besançon, vieille ville espagnole», qui évoque la marque hispano-flamande dont témoignent en particulier l'architecture et l'art du meuble.

En plus d'un manque d'homogénéité assez commun, il faut souligner le particularisme de Montbéliard et de sa région avec des meubles d'une originalité rare.

Habitat et décor

L'habitat qui conditionne en partie la nature du mobilier, change selon que l'on est en montagne, sur les plateaux ou en plaine, «le bon pays» pour les habitants des hauteurs.

Partout le type d'habitat, avec des murs en pierre ou en bois, permet l'aménagement de placards, ce qui limite, par rapport à la Bresse par exemple, l'usage des meubles de rangement. Un niveau de vie souvent austère impose le plus souvent un décor limité à des moulurations, la marqueterie intervenant dans des motifs peu nombreux et peu sophistiqués pour des pièces plus prestigieuses commandées par une riche clientèle.

Armoires

Si les coffres, le plus souvent de modèle Louis XIII, sont peu fréquents, il existe plusieurs types d'armoires, les deux plus courants appartenant par leur morphologie au Louis XIII-Louis XIV ou au Louis XV. Plus rares, mais néanmoins présentes, sont les fabrications d'inspiration Empire caractérisées par leurs demi-colonnes agrémentées de cuivre en façade.

En chêne ou en fruitier, l'armoire Louis XIII dénommée également cabinet ou buffet, présente une corniche droite, rectiligne, fortement moulurée et débordante, deux portes à deux ou trois panneaux également moulurés, sculptés de motifs en pointes de diamant, losanges ou motifs quadrilobés avec en leur centre un motif en trèfle à quatre feuilles. Le faux dormant est mouluré ou sculpté ; la traverse inférieure se présente assez souvent comme une corniche inversée, les pieds sont de type miche ou balustres.

Le bâti est parfois composé de deux corps parfaitement ajustés au milieu des montants verticaux.

Si certains de ces meubles datent effectivement des XVIIe et XVIIIe siècles, la plupart, malgré leur structure, sont plus tardifs, notamment du XIXe siècle.

Les armoires de type Louis XV, moins nombreuses, sont généralement plus abondamment sculptées. Certaines portent des médaillons ou des ovales enfermant quelques motifs marquetés comme des cœurs ou des éventails, décors réservés aux modèles en usage dans les bourgs et les villes, voire dans les châteaux plus que dans les fermes.

Buffets-crédences

Si l'armoire, comme partout ailleurs, est destinée à serrer le linge et les documents précieux de la famille, il existe en Comté, comme dans la plupart des autres provinces de France, des deux corps dont l'usage est plus étendu : rangement de la vaisselle,

éventuellement des victuailles et des instruments de la vie domestique.

Il existe plusieurs types de ce meuble, également appelé crédence. Si le corps du bas garde la même physionomie avec deux ou trois portes, on remarque un type tout à fait particulier que l'on rencontre rarement ailleurs : un buffet-dressoir dont le bas présente trois panneaux à pans, le central formant saillie.

Pour le haut, plusieurs cas de figures : en retrait, il laisse une place libre qui sert de desserte ; supporté par des pieds galbés sur une largeur égale ou plus petite, il donne le spectacle apparent de deux meubles superposés ; le corps supérieur peut encore se terminer à l'occasion par deux petits placards ou armoirettes latérales, à une porte, qui encadrent une niche centrale, et cela soit en retrait par rapport au corps du bas, soit plus rarement à l'aplomb.

Les décors rencontrés sont les mêmes que ceux des armoires : moulurations et motifs géométriques pour les modèles Louis XIII et Louis XIV, moulurations, chantournements et légères sculptures florales pour les modèles Louis XV. Des décors plus élaborés d'inspiration néo-classiques couvrent les deux corps exécutés pour la clientèle de bourgeois ou de notables.

Les deux corps classiques, avec le haut et le bas d'égale profondeur, séparés par une rangée de tiroirs, sont également nombreux.

«Armoires» de Montbéliard

C'est dans cette catégorie que doivent être classées les armoires de Montbéliard dites parfois «meubles protestants», faussement appelées armoires puisqu'il s'agit de deux corps.

Bien que faisant partie de la Franche-Comté, Montbéliard et sa région dépendaient des comtes de Wurtemberg au XVIe siècle et ont gardé de ce fait une originalité certaine.

Fabriquées à la Renaissance, les premières de ces «armoires» arboraient une décoration propre à leur époque, c'est-à-dire riche de sculptures et moulurations représentant des ornements classiques em-

*Commode en placage de bois indigènes,
marqué Couleru à Montbéliard.*

(Doc. Étude Guillaumot, Albrand, Lyon.)

 **Une dynastie d'ébéniste de Montbéliard :
les Couleru**

Dans le domaine du meuble, Montbéliard ne doit pas sa célébrité aux seules «armoires», imposantes créations d'esprit Renaissance. Une famille d'ébénistes, les Couleru, établit sa réputation au-delà de la Franche-Comté, à Mulhouse, à Strasbourg, à Bâle...

En 1716 naît à Montbéliard, dans une famille d'artisans du bois, Abraham Nicolas Couleru. En 1739 il se rend à Paris où il restera huit ans à travailler dans les ateliers des plus grands ébénistes de l'époque, à apprendre la marqueterie. Préférant être le premier dans son village que le second à Paris, il retourne à Montbéliard où il met en pratique ce qu'il a appris. Il travaille alors pour la noblesse locale et les riches familles très friandes de ce qui vient de la capitale, et réalise pour eux des meubles marquetés d'esprit très parisien de style Louis XV et transition : commodes, bureaux de pente, secrétaires qu'il équipe de tiroirs secrets et d'ingénieux mécanismes. Ses décors, très inspirés des travaux d'Oeben, sont composés de motifs géométriques (filets de grecques, encadrements) et de médaillons ornés de bouquets de fleurs.

Sur un bâti de sapin, de chêne ou de noyer, il colle des placages à l'origine en bois locaux comme le prunier et le noyer, et plus tard de classiques bois exotiques. Son placage se caractérise par une épaisseur inhabituelle, de l'ordre de 2,5 à 3 mm contre 0,5 à 2 mm d'usage plus courant.

En 1769 il installe ses ateliers à Bart où il meurt en 1812. Entre-temps il forma son frère Marc-David, son fils Pierre-Nicolas et son neveu Georges-David qui continuèrent l'œuvre du maître, se contentant de l'imiter, pas toujours avec bonheur. Les meubles d'Abraham Nicolas Couleru estampillés «A.N.C. Montbéliard», d'une grande élégance, peuvent rivaliser avec les meilleures productions parisiennes.

pruntés à l'antiquité gréco-romaine, mais aussi à la Bible. Est-il utile de préciser que des meubles d'une telle richesse étaient destinés aux grandes familles? Ce type d'armoire continua d'être fabriqué, copié au cours des siècles suivants, sans connaître d'évolution notable ni dans les formes, ni dans les décors. Les artisans copiaient leurs aînés cinquante ou cent ans plus tard, comme dans d'autres régions, mais aussi deux cents ans après. Sans doute faut-il noter avec les décennies un certain abatardissement des motifs, une surabondance du décor qui n'allège en rien des formes déjà imposantes, lourdes parfois.

Autre caractéristique de ces meubles, la présence de poignées de fer latérales sur chacun des deux corps, accessoire bien utile pour déplacer ou transporter un meuble qui du coup pouvait d'autant mieux être partagé lors d'une succession.

Ces meubles portèrent longtemps le nom de «meubles ou armoires protestantes», des familles aisées de cette confession s'étant établies dans la région de Montbéliard à la suite de l'édit de Nantes.

Vaisseliers

Restons dans la région de Montbéliard pour évoquer les vaisseliers avec un modèle particulier, le seiller : meuble dont le corps supérieur à étagères avec galeries sert à ranger la vaisselle tandis que celui du bas accueille des seilles (seaux) sur un rayonnage. On retrouve, surtout dans le Doubs, des vaisseliers dont la partie basse est divisée en trois panneaux à pans, le central faisant saillie; le corps du haut, composé d'étagères à galerie recevait plats et assiettes.

D'une manière générale, les vaisseliers à deux ou trois panneaux, plus rarement quatre, sont décorés de simples moulurations et tiennent plus des austères vaisseliers champenois que de leurs somptueux homologues bressans.

Tables

Avant d'aborder les tables nous évoquerons pour mémoire les pétrins, omnipré-

sents certes, mais sans caractère local très accentué, généralement de forme classique, au caisson en tronc de pyramide inversée sur un piétement balustre.

Pour les tables une double influence apparaît à travers plusieurs modèles. D'une part on retrouve certains caractères du mobilier suisse avec un type à fort plateau épais soutenu par quatre pieds tournés reliés par trois barres en H. D'autres, longues et étroites avec tiroirs et tirettes dans le bandeau, rappellent les productions bressanes. Il existe aussi des tables plus légères, chantournées, sans entretoise, à rallonges dites à l'italienne où deux demi-plateaux sont dissimulés sous le plateau principal qu'ils prolongent de part et d'autre, une fois tirés.

Sièges

En dehors des sièges classiques, quelques types sont à signaler. Au chapitre tabouret un modèle «à blonder», à vis, utilisé dans le Jura par les vignerons pour «blonder» (tailler) les échalas. Dans les régions de traite, notamment en haute montagne, on rencontre un tabouret à un seul pied fixé aux reins avec une courroie, appelé «bout-à-cul».

Moins austère, plus bourgeois, voire aristocratique, le canapé lit de repos, sorte de banquette généralement sans dossier avec deux appuis bas en merisier ou acajou ciré dans le style Directoire.

Lits

Des lits et berceaux comtois, ces derniers s'appellent des «brés», il n'y a rien à signaler de particulier.

Horloges

Les horloges présentent plus de variété. On se souvient que le Jura est un des berceaux de l'horlogerie. «Comtoise» est devenue synonyme d'horloge de parquet à gaine et cette province en fit une exportation massive.

Fabriquées à Besançon, Morez, Morbier, Foncine, les horloges comtoises présentent une immense variété. La gaine est droite, pyramidale ou violonée, en chêne, noyer ou fruitier sculpté, ou en sapin polychromé de couleurs vives; la corniche est en chapeau de gendarme, le corps est percé – ou pas – d'un oculus laissant voir le balancier.

Les cadrans en émail, faïence ou laiton repoussé ont également une diversité telle que des ouvrages entiers ont été consacrés à la « comtoise ».

Ce bureau à abattant Louis XV, marqueté, porte l'estampille d'Abraham-Nicolas Couleru.

(Photo Jahan.)

 ## Bois et ferrures

Si le chêne domine en Haute-Saône et dans le Doubs, les bois fruitiers, notamment le merisier, lui disputent la place dans le Jura et sont fréquemment utilisés ailleurs. On rencontre une part non négligeable de frênes et d'ormes dans les trois départements.

A relever la présence du sapin dans les régions de montagne. Enfin le noyer fait une percée sensible pour l'exécution des armoires, des deux corps, des meubles dits de rangement en général.

Le buis, le poirier, entre autres, sont utilisés pour réaliser des motifs incrustés ou marquetés, méthode de décoration qui constitue l'une des caractéristiques du mobilier comtois.

Ferrures, entrées de serrures et gonds francs-comtois sont austères, en fer épais le plus souvent, encore que l'on puisse rencontrer des modèles en cuivre massif.

Meuble deux corps, celui du dessus à retrait,
colonnes torses en façade,
loupe d'orme. XVIIe.

(Doc. Étude Ader, Picard, Tajan.)

*Vaisselier en bois naturel mouluré,
corps supérieur plus étroit
et en retrait à huit étagères,
corps inférieur à quatre panneaux.*

(Doc. Étude Mareschal, Prost, Lons-le-Saunier.)

Petite commode en noyer
à quatre tiroirs
dont deux en ligne incisés
de moulures chantournées,
coins arrondis, entrées
de serrures et poignées
de tirage en bronze
à décor rocaille. XVIII*e*.

(Doc. Étude Ader, Picard, Tajan.)

Chaise à haut dossier cintré
et siège rembourré en noyer
tourné en balustres taillés
en facettes à entretoise à croisillons,
pieds postérieurs à chanfrein.
Seconde moitié du XVII*e*.

(Doc. Étude Ader, Picard, Tajan.)

*Pendule comtoise en chêne sculpté,
mouvement du XVIIIe, cadran en étain,
elle sonne aux heures et aux demies,
mélodie sur huit cloches,
elle joue le Veni creator Spiritus
et le Veni sancte Spiritus.*

(Doc. Étude Vergne, Jean dit Cazaux, Dubern, Bordeaux.)

*Armoire en noyer à deux portes
avec horloge centrale,
pieds escargots,
décor de corbeilles fleuries
néo-classiques. Début du XIXe.*

(Doc. Étude Holz, Arles.)

*Commode transition Louis XV-Louis XVI
à deux tiroirs.
Meuble d'Abraham-Nicolas Couleru.*

(Photo Jahan).

Musées

25. BESANÇON

Musée populaire comtois, Citadelle, rue des Fusillés.

70. CHAMPLITTE

Musée départemental d'arts et traditions populaires
Albert-Demard, Château de Champlitte.

25. MONTBÉLIARD

Musée historique du Vieux-Montbéliard,
8, place Saint-Martin.

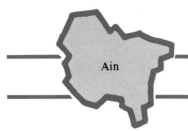

Ain

La Bresse

Bornée au nord par le Châlonnais, au sud par la Veyle, par le Jura à l'est et par la Saône à l'ouest, la Bresse, quoique mamelonnée, est une région aux faibles dénivellations, une terre agricole assez riche, autrefois parsemée de nombreux étangs, animée par deux villes, Louhans au nord et Bourg-en-Bresse au sud.

On distingue la Bresse bressane (appelée plus tard la Bresse savoyarde qui fit partie du royaume de Bourgogne puis de l'Empire) et la Bresse châlonnaise rattachée au duché de Bourgogne.

Historiquement le comté de Bresse – formé de la Bresse bressane et du Revermont jurassien – qui appartenait à la maison de Savoie et relevait indirectement de l'empire des Habsbourg, fut rattaché au royaume de France par le traité de Lyon, signé sous le règne d'Henri IV, le 27 janvier 1601.

L'histoire – on le sait – n'est pas sans influence sur le mobilier, les aspects culturels l'emportant souvent sur la géographie physique. Et l'épisode du rattachement de la Bresse à la France laissera des traces. Certains, regrettant la tutelle, qu'ils jugeaient débonnaire et lontaine, de la maison de Savoie, décoreront des deux corps de l'aigle à deux têtes, signe de protestation ou d'attachement que l'on retrouve sur quelques-uns des plus anciens meubles de ce type.

L'architecture conditionne parfois la nature du mobilier, sa composition aussi. C'est le cas en Bresse où les murs de pisé interdisent l'aménagement de placards. Conséquence directe : l'abondance de meubles de rangement comme l'armoire, les deux corps et les vaisseliers.

Hormis les fameux buffets Louis XIII portant les aigles de l'empire des Habsbourg, pièces datant du XVIIe siècle, la plupart des meubles bressans datent de la fin du XVIIIe siècle ou du XIXe. Dans les villes, des meubles classiques, répliques tardives en bois naturel mouluré et plus rarement sculpté de pièces parisiennes, meublaient les intérieurs bourgeois. Aucune caractéristique spéciale ne les distinguent de l'ensemble des productions régionales. On compte ainsi des commodes, des tables de chevets, de petites tables d'appoint, etc.

Motifs décoratifs

Le décor varie suivant la richesse du meuble. Il s'inscrit au fronton, sur la traverse inférieure, le faux dormant, les panneaux des portes (rarement sur le panneau central) et quelquefois sur les montants. Les motifs ornementaux sont puisés dans la flore (tiges et corbeilles fleuries), passementerie (glands et draperies) ou un répertoire aux dessins géométriques (cornes de bélier, enroulements à crosse, stries, éventails, etc.). Deux motifs, les feuilles d'eau et la tête de chouette, reviennent plus régulièrement que dans d'autres régions. Leur fréquence a permis à des chercheurs comme Gabriel Jeanton de leur donner une valeur typiquement, voire exclusivement bressane.

La feuille d'eau, appelée jadis fleur d'eau, est une feuille de plante aquatique, de forme lancéolée à forte nervure centrale, autrefois très fréquente dans les marais bressans. La feuille d'eau n'est jamais représentée isolée mais par groupe en nombres pairs ou impairs, sur un ou plusieurs rameaux.

Pour la tête de chouette nous donnerons la description de Jeanton : «Ce motif décoratif consiste en une circonférence sertie d'une moulure qui se termine dans l'intérieur du cercle par deux petites volutes simulant assez bien les yeux. La partie haute de la circonférence est surmontée et en quelque sorte coiffée d'une espèce de huppe comme en possèdent certains animaux de nuit.» Plus rare que la feuille d'eau il en existe plusieurs expressions plus ou moins sophistiquées ou stylisées.

La présence ou l'absence de ces décors permet de distinguer les meubles strictement bressans des meubles de la Bourgogne du sud créés à Sennecey-le-Grand dans les ateliers de Claude Laborier, identifiés grâce aux travaux de Suzanne Tardieu.

Armoires

L'armoire bressane – appelée souvent cabinet – présente une silhouette typiquement Louis XV en galbes et chantournements plus ou moins prononcés. La corniche est droite la plupart du temps, mais cintrée dans certaines villes comme Bourg-en-Bresse par exemple. Trois panneaux composent les deux portes, le central étant délimité – comme sur les armoires normandes – par des traverses obliques. Le faux-dormant est large; un long tiroir à deux poignées de tirage en fer forgé occupe la traverse inférieure chantournée, entourée de deux pieds galbés.

Il existe mille et une variantes de ces armoires, variantes qui s'inscrivent dans les formes, le galbe des pieds, la présence ou non du tiroir du bas, la qualité et l'importance du décor, l'existence de dates et inscriptions qui caractérisent les armoires de mariage. On rencontre aussi des décors peints dans la région de Saint-Étienne-du-Bois.

Deux corps et vaisseliers

Si les buffets bas (le plus souvent des bas de vaisseliers) et les armoires à une porte (genre bonnetière) sont rares dans le pays bressan, par contre les deux corps, appelés parfois cabinets, et les vaisseliers sont plus usuels.

Les deux corps aussi bien que les vaisseliers présentent les mêmes caractéristiques que les armoires : bois souvent de deux tons, décor, formes apparentées au Louis XV.

Dans la structure il faut relever que le corps supérieur est à l'aplomb du corps du bas, quelquefois en retrait avec, dans certains cas, une glissière entre les deux corps dont la planche tirée fait office de table desserte.

La destination de la crédence est hybride. Elle se situe entre celle de l'armoire (destinée à «serrer» le linge et les papiers précieux dans les tiroirs à serrure qui y sont aménagés) et celle du vaisselier (garde-manger et garde vaisselle). La partie haute est réservée au linge, la basse aux victuailles.

A deux ou trois portes dans le haut et dans le bas avec des tiroirs en ceinture, les deux corps-crédences sont plus fréquents dans les habitations bourgeoises ou les fermes opulentes.

Plus classiques, les vaisseliers sont aussi plus communs. A deux, trois ou quatre portes avec une série de tiroirs en ceinture, ils présentent trois ou quatre étagères, en retrait avec ou sans vantaux (petites armoirettes) sur les côtés du corps supérieur et souvent une niche centrale formée par le plateau et la première étagère. Les plus courants comptent trois portes dans le bas; les plus opulents sont équipés d'une horloge centrale parfois surajoutée à un vaisselier classique, horloge que l'on rencontre également sur certaines crédences. Meuble d'ostentation, le vaisselier est largement décoré.

Tables

Les tables bressanes qui occupent la salle commune sont généralement étroites et longues à quatre, six ou huit pieds en balustre réunis par une entretoise en H. Sous le plateau on compte soit des tiroirs soit des panneaux à glissières dits layettes disposés de chaque côté d'un tiroir central. De vastes dimensions, un peu plus hautes que la normale, ces tables accueillaient au repas les fermiers en même temps que le personnel agricole.

Sièges

Si la quasi-totalité des sièges se rattache à la cohorte classique des sièges régionaux, fauteuils «bonne femme» et chaises paillées, il faut relever l'omniprésence de la chaise à sel ou salin, formant coffre (avec serrure parfois), au dossier légèrement incliné, proche des productions comtoises, bourguignonnes ou lorraines.

Lits et berceaux

Les lits bressans ne présentent pas d'originalité particulière. Souvent à colonnes, ils sont équipés d'une tête et d'un pied assez hauts; à la tête sont parfois agencés des sortes de petits placards ou rayonnages.

Quelques-uns portent, fixés entre les deux colonnes, un berceau que l'on peut balancer à l'aide d'une ficelle en restant couché.

Pétrins

Le pétrin arbore un classique profil Louis XIII, du moins pour son piétement droit, avec des pieds tournés en balustre ou en chapelet et réunis par une entretoise en H.

Certains, plus élégants, rappellent les productions provençales : ici des pieds galbés, un corps en pyramide tronquée, trapézoïdal, abondamment sculpté qui lui permettait de figurer en bonne place dans les intérieurs bourgeois où ils perdaient souvent leur fonction initiale.

Horloges

A partir de la seconde moitié du XIXe siècle, l'horloge est présente dans toutes – ou presque – les demeures bressanes.

Le Jura n'est pas loin et l'activité horlogère de Bourg-en-Bresse non négligeable. Si l'on rencontre plusieurs modèles, les plus courants (sur des pieds cambrés ou sur une plinthe) présentent une corniche cintrée, une tête droite et un corps fortement ventru de forme violonée ou doublement renflé. La gaine est rarement pourvue d'un oculus qui laisse apparaître le disque du battant.

 **Bois et ferrures**

Le meuble bressan présente la caractéristique d'être composé de pièces en bois de deux tons.

Le chêne encore, le noyer plus souvent (on entre dans la partie méridionale de la France), mais surtout les bois fruitiers comme le merisier et le cerisier sont utilisés pour l'armature générale, le bâti. Les panneaux sont en frêne, en orme, poirier, cerisier et en loupe plus claire ou marbrée, loupe d'orme, de frêne ou de noyer. Rappelons que la loupe est une excroissance présente sur certains bois seulement, comme le noyer, l'orme ou le frêne.

Quelquefois les fiches métalliques accompagnent les vantaux sur toute leur hauteur. Elles sont plus ou moins ciselées selon la richesse du meuble.

Armoire à deux portes en merisier.
Sculpture de motifs d'éventail
et d'un panier fleuri au fronton.

(Doc. Étude Bretaudière, Chalon-sur-Saône.)

Armoire en bois naturel sculpté
et mouluré, panneaux en loupe.
Les poignées sur le tiroir du bas
sont un rajout et proviennent
d'un buffet Henri II.

(Écomusée de la Bresse Bourguignonne,
Pierre-de-Bresse)
(Doc. Étude Bretaudière, Chalon-sur-Saône.)

*Armoire en bois naturel sculpté à deux vantaux,
incrustations au centre des panneaux
et sur le dormant dont la partie centrale est cannelée,
fronton en arc. Fin du XVIIe.*

(Doc. Étude Briscadieu, Auch en Gascogne.)

Buffet en noyer, panneaux moulurés.

(Doc. Étude Bretaudière, Chalon-sur-Saône.)

*Vaisselier en bois de plusieurs tons et loupe,
décor mouluré et sculpté. XIXᵉ.*

(Doc. Étude Kohn, Bourg-en-Bresse.)

*Vaisselier en chêne et loupe de frêne
et en noyer. XVIIIe.*

(Doc. Étude Kohn, Bourg-en-Bresse.)

Buffet à horloge et étagères de vaisselier,
chêne incrusté de loupe et sculpté. XIXᵉ.

(Doc. Étude Gros, Delettrez.)

*Commode en bois naturel
à trois rangs de tiroirs.
XVIIIe.*

(Doc. Étude de Cagny, Paris.)

Musées

01. BOURG-EN-BRESSE

Musée de l'Ain, Prieuré de Brou,
63, boulevard de Brou.

71. CHALON-SUR-SAÔNE

Musée Denon, place de l'Hôtel-de-Ville.

01. PÉROUGES

Musée du Vieux Pérouges, place du Tilleul.

71. ROMENAY

Musée du Terroir, place de l'Église.

71. TOURNUS

Musée bourguignon Perrin-de-Puycousin,
8, place de l'Abbaye.

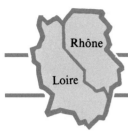

Rhône

Loire

Le Lyonnais et le Forez

Intéressant les monts du Lyonnais, l'agglomération lyonnaise elle-même, la plaine du Forez et une partie de la vallée du Rhône, ce chapitre concerne un espace borné au nord par Mâcon et au sud par Vienne, et couvre en gros les départements du Rhône et de la Loire.

Carrefour de voies de communication, Lyon, ancienne capitale des Gaules, eut tout au long des siècles un rôle économique majeur, et connut de longues et importantes périodes de prospérité, favorables au développement des arts en général et des arts décoratifs en particulier.

La Renaissance à Lyon

Dès le XVe siècle, l'art du bois y est florissant, puis l'apport italien renouvelle et amplifie à la fois ce phénomène, notamment pour tout ce qui concerne le mobilier des nobles, riches bourgeois, entrepreneurs et commerçants. A la Renaissance, la réputation de Lyon – due en grande partie au génie de l'architecte Philibert Delorme – s'étend dans toute l'Europe dont elle devient un des phares culturels, notamment grâce à ses ateliers très actifs d'imprimerie et de gravure.

Les importants travaux de Bernard Deloche (voir bibliographie) ont révélé combien l'art du meuble à Lyon avait su être créatif notamment au XVIe, puis au XVIIIe siècle, particulièrement dans le domaine des sièges.

Deux corps à «l'italienne»

Lyon partage avec l'Alsace, le Val-de-Loire et l'Ile-de-France, le privilège d'avoir été un important centre de production de meubles dès la Renaissance. C'est de cette époque que datent ces fameuses armoires, en fait des deux corps, à la structure typique rappelant la Renaissance italienne et l'école de Fontainebleau mais, comme le souligne Bernard Deloche «négligeant fréquemment les emblèmes architecturaux» (sans colonnes ni frontons, par exemple) et combinant «une ornementation luxuriante à une composition d'ensemble statique et rigoureuse». C'est l'ornementation qui confère aux pièces lyonnaises une originalité certaine : aux classiques masques et cariatides, puis plus tard aux chutes de fleurs et de fruits viennent s'ajouter des décors plus rares, notamment des vermiculures reprenant des motifs d'arabesques popularisés par les graveurs. Ces vermiculures, obtenues par évidement des fonds représentant un décor extrêmement fin qui ressort en léger relief.

De même, il semblerait que les décors exotiques, notamment les scènes indiennes, apparaissent sur le mobilier lyonnais au XVIIe siècle, un peu avant qu'ils ne se retrouvent sur le mobilier parisien.

243

Coffres

Nous nous contenterons d'évoquer pour mémoire le coffre, qui revêt une structure et un décor différents selon sa destination, populaire et campagnarde (coffre à grain ou à linge) ou citadine et bourgeoise : les coffres lyonnais du XVIe siècle présentent des panneaux sculptés en plis de serviette au relief plat et régulier et des poignées latérales à l'attache très basse.

Armoires

L'armoire est un des meubles typiques de la région. Plus ou moins richement décorée ou sculptée selon qu'elle est destinée à une demeure bourgeoise ou paysanne, elle est diffusée dans les villes dès le XVIIIe siècle.

Bien qu'il existe une grande diversité de types, on retrouve quelques caractères spécifiques souvent associés. De structure Louis XIV ou Régence, l'armoire lyonnaise a des dimensions plus importantes que les productions des régions voisines, y compris de la Bourgogne avec laquelle elle a un air de famille. Sa hauteur varie entre 2,85 m et 2,95 m ; la corniche présente un ressaut central simple ou multiple, souvent abondamment sculpté. Parfois posée au sol sur une plinthe ou intégrée aux lambris de la pièce, elle présente le plus souvent une corniche et des pieds en miches ; sur des modèles plus tardifs, la traverse inférieure chantournée est accompagnée de pieds en escargots ou de pieds de biche.

Les deux portes sont constituées de vantaux à trois panneaux le plus souvent placés dans l'ordre suivant : le plus grand en haut, le panneau central le plus petit est surmonté par le moyen dans la partie basse.

Contrairement aux modèles bressans, les armoires lyonnaises ne comptent que très rarement un tiroir dans le bas. Les moulurations sont fortement marquées et les sculptures plus ou moins abondantes ; le fronton est large et les montants portent souvent des motifs très accentués.

L'armoire stéphanoise, généralement du XIXe siècle, allie des éléments hétéroclites,

comme on le remarque souvent sur les meubles régionaux, et présente une structure Louis XV (avec une corniche en arc), des motifs décoratifs Louis XVI (notamment les cannelures) et une méthode de placage en ronce de noyer utilisée sous le règne de Louis-Philippe.

Buffets à pierre, deux corps et vaisseliers

Meuble typiquement lyonnais mais presque uniquement citadin, le buffet à pierre est un meuble très bas, large, à deux portes, dont le plateau est une lourde pierre (150 à 200 kg) rose ou grise, moulurée en bec de corbin. Ces pierres étaient extraites, «récoltées» dans les carrières de Saint-Cyr et de Saint-Fortunat, dans les Monts-d'Or.

Ces buffets, à l'origine destinés à l'exposition du gibier (buffets de chasse), ont des portes et des montants plus ou moins décorés, dissimulant à l'intérieur des tiroirs, généralement au nombre de trois. Le piétement consiste soit en une plinthe qui autorise l'intégration du meuble aux boiseries, soit en un piétement classique d'esprit Louis XV, avec des pieds chantournés, voire en escargot. C'est le cas notamment dans le sud de la région où les tiroirs sont apparents et placés en ceinture. Sur les modèles Louis XIV ou Régence, à l'architecture sobre, symétrique et équilibrée, les moulurations sont larges et profondes, marque typiquement lyonnaise. Les décors en rinceaux, arabesques, voire en masques ou mascarons couvrent les panneaux ou les montants. Sur les productions plus tardives, la coquille rocaille prend le dessus en compagnie de fleurs et de feuillages classiques ou, dans la partie méridionale, de rameaux de laurier ou d'olivier.

Signalons aussi qu'il existe une grande variété de buffets deux corps à une porte, genre homme debout, à colonnes Louis XIII en façade, notamment dans le département de la Loire proche du Rhône. Il y a aussi quantité de buffets à deux corps classiques fin XVIIIe, début du XIXe siècle de type Louis XIII ou Louis XIV avec des panneaux portant les habituelles moulurations à pointes de diamant tronquées, dessinant des croix de Saint-André ou des losanges.

On rencontre également des exemplaires de type Louis XV avec des décors «rocailles» ou de fleurs : la fleur de tournesol est caractéristique de la région de Vienne.

Dans le même ordre d'idée, le vaisselier, plus courant à la campagne qu'à la ville, épouse volontiers le style Louis XV. Il n'est pas rare qu'il soit équipé, comme en Bresse, d'une horloge centrale ou latérale, surtout dans la Loire.

Tables et pétrins

Si les pétrins correspondent au modèle régional classique, une caisse trapézoïdale portée sur un piétement en balustre, les tables présentent quelques caractères plus «typiquement» lyonnais. Il s'agit de tables d'esprit Louis XIII, construites sur ce modèle jusqu'en 1830 et formées d'un plateau supporté par des pieds tournés en balustre. Si dans le Lyonnais l'entretoise est en H, dans la Loire il est plutôt en X.

Les sièges lyonnais de Nogaret, Canot et Lapierre

Si les sièges d'esprit «populaire» correspondent aux sièges rencontrés un peu partout dans les régions françaises, la production bourgeoise du XVIIIe siècle revêt des aspects et des formes tout à fait originaux. Pour B. Deloche, «jamais Lyon n'a été une sorte de succursale de Paris car jamais les menuisiers lyonnais ne se sont contentés d'importer les trouvailles de leurs confrères parisiens. Sans être tout à fait coupée du courant des ornemanistes de la capitale, la menuiserie lyonnaise a inventé à sa manière le style Louis XV, lui communiquant une personnalité nerveuse qui tranche assez nettement avec les multiples tentatives, hésitations, et parfois les échecs de Paris».

Le plus célèbre de ces créateurs est sans doute Pierre Nogaret (1718-1771). Né à Paris, Pierre Nogaret s'installe à Lyon où il devient maître menuisier en 1745. Dans les travaux de Nogaret comme dans ceux de ses confrères lyonnais, Canot (son beau-frère) ou Levet, la ligne prime à la fois le volume et l'ornementation. L'utilisation prédominante

du noyer qui se sculpte parfaitement, mieux que le hêtre habituellement employé par les menuisiers parisiens (mais aussi par les Lyonnais), permet à la ligne, même fortement marquée, de suivre le contour du siège en encadrant une gorge profondément marquée également. Si la moulure intérieure ne s'interrompt que rarement (pour contourner un motif, un bouquet par exemple), la moulure extérieure s'interrompt au milieu du dossier et au milieu de la ceinture pour permettre à un ornement de se développer. Par ailleurs, sur le siège lyonnais, l'accotoir est toujours largement ouvert et la forme des supports sinueuse et brisée. A signaler également, sur les cabriolets notamment, la présence d'une traverse médiane joignant le dos et la face de la ceinture.

Si Nogaret et Canot ont donné toute leur somptuosité aux sièges Louis XV, c'est Lapierre, d'une dynastie de menuisiers en sièges, qui introduisit les premiers éléments néo-classiques Louis XVI.

Confirmation de la qualité du siège lyonnais au XVIIIe siècle : l'excellente tenue, sur le marché de l'art, des sièges estampillés Nogaret qui atteignent et parfois dépassent les prix pratiqués pour les œuvres de quelques-uns des plus grands maîtres parisiens.

Commodes, petits meubles et lits

Région riche, le Lyonnais et à un degré moindre le Forez, ont connu toutes sortes de meubles, commodes, petites tables, secrétaires, chiffonniers, etc., la plupart du temps en bois naturel, copies des modèles parisiens. C'est ainsi que l'on rencontre des commodes de type Louis XIV ou Régence, avec des têtes sculptées sur les montants. Il y a également des productions marquetées, le plus souvent anonymes et assez courantes, qui ne peuvent rivaliser avec les productions grenobloises des Hache. Elles jouent sur le contraste des bois et des motifs géométriques simples.

Des lits, il n'y a rien de spécial à dire si ce n'est la présence dans les régions de montagne de lits clos et ailleurs de lits en alcôve, quelquefois intégrés aux boiseries.

Coffre en bois décoré
originaire de la campagne des environs de Lyon.
Sur ce modèle, les initiales du propriétaires «IDP»
et au-dessous un outil de vigneron, «le goy».

(Musée historique, Lyon.)

 **Bois et ferrures**

Si le noyer est roi dans le Lyonnais – les menuisiers en sièges du XVIIIᵉ siècle l'on préféré au hêtre classique – on note la présence non négligeable du chêne mais surtout des fruitiers (cerisier en majorité), du frêne et aussi, malgré tout, du hêtre. Dans la Loire, domination du noyer également, mais forte présence du châtaignier et du sapin, notamment en montagne, de l'orme, du frêne et accessoirement du chêne, sans oublier les classiques bois fruitiers.

Sur les armoires les plus anciennes, notamment italianisantes, les entrées de serrures sont discrètes, parfois ouvragées. Sur les classiques armoires des XVIIIᵉ et XIXᵉ siècles, il y a de longues entrées de serrures en fer plat ajouré.

*Armoire en noyer mouluré et sculpté,
deux portes à trois panneaux,
fronton sculpté de motifs rocaille. XVIIIᵉ.*

(Doc. Étude Génin, Griffe, Leseuil.)

Armoire en bois naturel sculpté,
deux portes à trois panneaux,
fronton et dormant sculptés de motifs
floraux et rocaille, pieds miches. XVIIIe.

(Doc. Étude Delpeint, Saint-Étienne.)

Armoire en bois naturel mouluré et sculpté,
fronton à deux accolades,
panneaux des portes moulurés et sculptés,
panneaux des côtés moulurés, pieds miches. XVIIIᵉ.

(Doc. Étude Aguttes, Clermont-Ferrand.)

Meuble deux corps en noyer richement sculpté
de motifs floraux, de rinceaux et de têtes de femmes,
montants à cannelures simulant des colonnes.
Époque Renaissance.

(Doc. Étude Kohn, Bourg-en-Bresse.)

Deux corps en noyer à large décor Renaissance de perspective en trompe-l'œil sur les panneaux. Époque Renaissance. Serrures et clés d'origine.

(Doc. Étude Kohn, Bourg-en-Bresse.)

252

*Deux corps à la fois de type Renaissance pour l'architecture
et de type Louis XIII pour l'utilisation de la technique
du bois tourné pour les colonnes spiralées.
Ici utilisation de bois de différents tons.*

(Musée des Hospices civils, Lyon.)

*Deux corps de type Renaissance en bois naturel sculpté,
corps supérieur plus étroit et en retrait,
panneaux moulurés, sculptures de têtes de personnages.*

(Musée des Hospices civils, Lyon.)

*Buffet deux corps en bois sculpté,
deux tiroirs en ceinture, façade sculptée
de motifs architecturaux et cariatides.
Corniche abondamment sculptée et ajourée. XVIe.*

(Musée de Brou, Bourg-en-Bresse.)

*Crédence en noyer sculpté dans le style de la Renaissance
de griffons, masques, bustes de personnages
et motifs divers. En partie du XVIe.*

(Doc. Étude Laurin, Guilloux, Buffetaud, Tailleur.)

*Dressoir trilobé en bois sculpté
soutenu par des cariatides caractéristiques
de l'art de la Renaissance. Fin du XVIe.*

(Musée de Brou, Bourg-en-Bresse.)

*Buffet bas à deux portes,
panneaux moulurés,
décor aux écoinçons, sur les montants
et le dormant, meuble en noyer,
dessus de pierre. Époque Louis XV.*

(Doc. Étude Chenu, Scrive, Lyon.)

Table à jeu en noyer,
pieds à double galbe,
quatre tiroirs en ceinture.
Époque Louis XV.

(Doc. Étude Mercier, Velliet, Thullier, Lille.)

Table dite «à l'italienne» en noyer,
dessus marqueté, rallonges ornées
de trois pendentifs en toupies
sur 4 colonnes réunies par une entretroise moulurée
surmontée de 5 balustres à arcatures.
École lyonnaise.
Seconde moitié du XVI*e*.

(Doc. Étude Ader, Picard, Tajan.)

*Bureau plat à tiroirs en façade
et sur les côtés, piétement galbé.
Un exemple qui montre que
l'ébénisterie lyonnaise savait égaler
les productions parisiennes. XVIIIᵉ.*

(Lyon, Musée des Hospices civils.)

*Fauteuil en bois sculpté,
garni de tapisserie d'Aubusson à fond bleu,
travail du menuisier en siège
lyonnais Nogaret.*

(Musée de Brou, Bourg-en-Bresse.)

*Commode arbalète en bois naturel
à trois rangs de tiroirs.
Début du XVIII*.

(Doc. Étude Anaf, Lyon.)

*Canapé d'époque Régence aux formes galbées,
en bois naturel sculpté, garni de tapisserie d'Aubusson.
Travail du menuisier en siège lyonnais Nogaret.*

(Musée de Brou, Bourg-en-Bresse.)

*Commode à trois rangs de tiroirs
en bois naturel mouluré et sculpté.
Travail de la vallée du Rhône. Époque Régence.*

(Doc. Étude Martin, Desbenoit, Versailles.)

Musées

69. BEAUJEU

Musée des traditions populaires
Marius Audin, Hôtel-de-Ville.

69. LYON

Musée lyonnais des Arts Décoratifs,
30-32, rue de la Charité.

Musée des Hospices civils, Hôtel-Dieu,
1, rue Marcel-Rivière.

42. MARLHES

Maison de la Beate.

42. POMMIERS

Musée du Vieux-Pommiers.

42. SAINT-ÉTIENNE

Musée folklorique du Vieux Saint-Étienne,
13 bis, rue Gambetta.

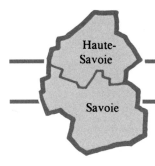

La Savoie

Large couloir qui conduit de l'Isère au Rhône, la Savoie correspond à peu près aux départements de la Savoie et de la Haute-Savoie. Chacun des petits pays qui la composent a ses caractères particuliers, son économie, sa culture. Toutefois, le mobilier, excepté pour les essences de bois, ne possède pas de caractères très originaux, tout en présentant une hétérogénéité soulignée par G. Dusaugey dans ses études successives sur le mobilier savoyard rustique publiées dans la *Revue de Savoie* (1959).

Caractères et décors

En fait, le mobilier savoyard se divise en deux grandes familles : les meubles de montagne dits aussi de chalets, généralement assez frustes et surtout à caractère presque exclusivement utilitaire et les meubles de la plaine, directement inspirés par les grands styles Louis XIII ou Louis XV qui dominent les productions régionales françaises.

Si la Savoie ne fut définitivement rattachée à la France qu'en 1860, elle avait déjà été annexée en 1791-1792 avant d'être restituée à la Maison de Savoie, partiellement en 1813 puis totalement en 1815. Il y a

donc du piémontais, du français mais aussi du bourguignon et du lyonnais dans l'ornementation des meubles savoyards.

Le travail du bois occupait les longues soirées d'hiver. Les coffres, les boîtes à sel et à poudre de Maurienne, notamment celles qui sont en forme de poules, sont célèbres. Aux Bessans, une famille de sculpteurs sur bois, les Clapier, a produit quantité d'œuvres religieuses et profanes du XVIIᵉ au XIXᵉ siècle, jouets et petits bonshommes sculptés constituent leurs ultimes productions.

Nul doute que tous ces artisans du bois ont fabriqué des meubles, plus ou moins frustes selon que l'on s'éloigne de la plaine où les riches demeures sont garnies de meubles imités des productions parisiennes avec le décalage ordinaire du temps comme en témoigne, entre autres, l'ameublement des Charmettes, près de Chambéry, propriété de Mᵐᵉ de Warens où séjourna Jean-Jacques Rousseau.

C'est ainsi que chez les notables, on trouve, dans la plaine, bon nombre de petits meubles comme des travailleuses, bureaux, poudreuses, coiffeuses, chevets, généralement en bois fruitier et en noyer, aux galbes typiquement Louis XV, sans autre décor que de rares et simples coquilles.

261

Coffres et placards

En Savoie, il existe beaucoup de meubles encastrés dans l'épaisseur du mur, placards dont les portes de style Henri II ou Louis XIII sont moulurées ou sculptées au couteau, soit de simples motifs floraux stylisés, soit d'une rosace elliptique préalablement tracée au compas.

Les coffres ont constitué, avec ces placards, les premiers meubles de rangement. Dans le Chablais, en bois sculpté ou en cuir clouté, ils renfermaient le trousseau de la jeune mariée.

Armoires

Dans les intérieurs bourgeois, on trouve des armoires à une porte, à corniche droite, les pieds formés par le prolongement des montants verticaux; les panneaux sont moulurés, les montants, le fronton et la traverse du bas portent des sculptures plus ou moins riches selon la fortune de son premier propriétaire. La Maurienne est réputée pour ses armoires à quatre portes massives; en fait, il s'agit à proprement parler de buffets deux corps, le corps supérieur étant soit en retrait, soit à l'aplomb du bas, avec entre les deux, une rangée de tiroirs. De style Louis XIII, elles portent des panneaux à pointes de diamant, à losanges, ou simplement à moulures et à gorges; les pieds sont droits ou en boule. Il y a également des exemples de type Louis XV. Les bois employés changent selon qu'il s'agit de meubles de montagne ou de plaine.

Vaisseliers

Le vaisselier est moins répandu que dans d'autres régions. On l'appelle aussi ratelier. Il en existe plusieurs types avec un nombre variable d'étagères à galeries; le corps supérieur, presque toujours en retrait, ménage quelquefois une niche entre deux petits placards à une porte, posés sur le plateau du corps inférieur.

Le décor, plus ou moins riche, représente des gerbes, des épis de blé ou des motifs géométriques.

Certains vaisseliers à deux tons de bois sont copiés sur les modèles bressans ou peut-être directement importés.

Tables

On retrouve, comme en Franche-Comté ou dans le pays bressan, des tables longues et étroites à l'entretoise en H, avec un plateau légèrement plus haut que la moyenne.

Dans les intérieurs bourgeois et dans les châteaux, c'est le règne des tables Louis XV, élégantes et transformables, à allonges à l'italienne.

Plus typiquement «savoyardes», des tables dessertes dites aussi tables-dressoirs ou tables-consoles : il s'agit de tables au plateau étroit et allongé, porté par des pieds – généralement six – hauts et assez fins quoique souvent en balustre, reliés par quatre barres assemblées en rectangles, avec une ceinture étroite à petits tiroirs.

Sièges

Les sièges présentent une grande variété de modèles. Au nombre des sièges de chalet ou de montagne, on compte les tabourets, les chaises tripodes en bois épais, au siège à dossier plein ou quelquefois ajouré d'un motif décoratif, un cœur stylisé par exemple. D'autres chaises aux formes simples, en Maurienne notamment, sont sculptées de motifs à peine ébauchés figurant des têtes d'animaux, que l'on retrouve aussi à l'extrémité des accoudoirs des fauteuils dont les formes évoquent en plus fruste, les créations Renaissance ou Henri II. Par ailleurs, dans les intérieurs bourgeois, on retrouve des chaises et des fauteuils paillés dont les dossiers sont agrémentés de motifs sculptés en urne, lyre ou gerbe de blé.

Lits

Les lits répondent aux caractères habituels des meubles régionaux, populaires ou bourgeois. En Haute-Tarentaise, on rencontre des lits mi-clos appelés lits-cages, ouverts seulement en façade, elle-même garnie de rideaux. Les montants sont souvent abondamment sculptés de motifs géométriques ou stylisés mais aussi du nom du propriétaire, de dates et de devises. Ils peuvent être accompagnés d'un banc mobile. Citons également un type de lit ingénieux et pratique, équipé dans sa partie basse d'un tiroir faisant office de berceau.

Dans les appartements bourgeois, il n'est pas rare de trouver des banquettes, lits de repos d'inspiration Louis XVI ou Directoire, voire Empire, qui évoquent des modèles francs-comtois.

Pétrins, tablards et horloges

On trouve en Savoie des pétrins et panetières classiques, rarement décorés. Dans les maisons les plus modestes, qui ne possèdent pas de vaisselier, des tablards, simples étagères fixées le long du mur, portent les ustensiles indispensables à la vie quotidienne.

Dans les demeures aisées, on rencontre des meubles composites : buffet-commode, buffet-bureau, etc., pratiques et non sans charme pour ceux qui ont fait l'objet d'une réalisation soignée. On trouve aussi des horloges de parquet, sur plinthe ou sur pieds, à gaine droite ou violonée, avec une corniche cintrée dans la plupart des cas.

Petite commode en orme incrusté de bois clair, poignées de laiton. XVIIIe.

(Doc. Étude Ader, Picard, Tajan.)

Bois et ferrures

Les essences de bois varient très sensiblement entre meubles de montagne et de plaine. Les meubles de montagne dits de chalets sont en mélèze, en sapin et quelquefois en hêtre. Dans les zones de plus basse altitude, le noyer et les bois fruitiers dominent mais l'on trouve également du hêtre, du châtaignier, du frêne et du bouleau.

Sur tous les meubles à portes, les ferrures sont généralement robustes, en fer; les garnitures sont également en fer, en cuivre ou en bronze pour les plus «sophistiquées».

*Coffre en bois naturel à panneaux moulurés,
de Termignon. Région de Maurienne. XVIIIe.*

(Collection du Musée château d'Annecy.)

*Coffre en bois naturel à panneaux moulurés
et sculptés de motifs populaires,
motifs en arcades. Région de Maurienne.*

(Collection du Musée château d'Annecy.)

*Petite armoire de chalet
en sapin. Début du XIXe.*

(Doc. Étude Holz, Arles.)

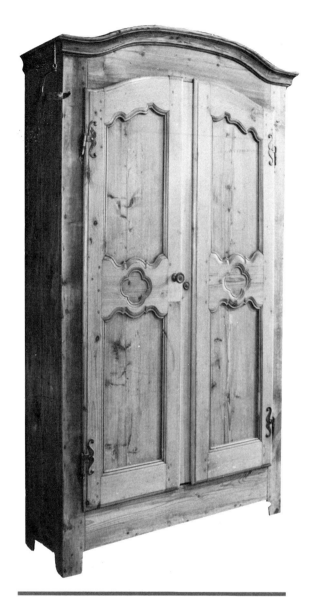

Armoire en mélèze à deux vantaux moulurés et sculptés.
Région de Morzine. XVIIIᵉ.

(Doc. Étude Holz, Arles.)

*Crédence à deux corps
en bois naturel. XIXe.*

(Doc. Étude Holz, Arles.)

Petite table en noyer, plateau à damier,
pieds en balustre, tiroir en ceinture. XVIIe.

(Doc. Étude Ader, Picard, Tajan.)

Chaise de ferme.

(Doc. Étude Holz, Arles.)

*Petit vaisselier, corps du bas en deux parties,
l'une à porte, l'autre à étagère.
Travail d'alpage. Fin du XVIIIᵉ.*

(Doc. Étude Holz, Arles.)

Placard-table dit «de berger» en bois naturel.
Région de Beaufort.

(Doc. Étude Peron, Corsy, Melun.)

Musées

73. ALBERTVILLE
Musée de Conflans, Maison rouge,
faubourg de Conflans.

74. ANNECY
Château d'Annecy, place du Château.

73. CHAMBÉRY
Musée des Charmettes, chemin des Charmettes.
Musée savoisien, square de Lannoy-de-Bissy.

74. ÉVIAN-LES-BAINS
Musée savoyard, rue Nationale.

74. FESSY
Musée d'Art et de Folklore régional.

74. LOVAGNY-GORGES-DU-FIER
Musée Léon Marès, château de Montrottier.

74. RUMILLY
Musée savoyard, 11, rue d'Hauteville.

74. THONON-LES-BAINS
Musée folklorique du Chablais,
place de l'Hôtel-de-Ville.

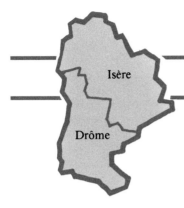

Le Dauphiné

Rattachée à la France dès 1349, la province du Dauphiné tient son appellation du surnom – Dauphin – que portaient dès le XIIe siècle les seigneurs d'Albon, comtes de Viennois, et que porteront les héritiers de la couronne qui, après le rattachement, recevront cette province en apanage.

Situé entre Rhône et Alpes, le Dauphiné épouse les contours de l'Isère, des Hautes-Alpes et de la Drôme, du moins la partie nord-est de ce département.

Borné par la Savoie au nord et par la Provence au sud, le Dauphiné, sans grande unité géographique, se divise en Haut-Dauphiné et Bas-Dauphiné. Le Haut-Dauphiné, au sud de l'Isère avec les centres de Grenoble, Gap et Briançon, les massifs du Vercors et de l'Oisans est un pays de montagnes et de vallées élevées.

Le Bas-Dauphiné s'étend du nord-ouest de l'Isère aux confins du Lyonnais. Il se compose de collines et de terres à l'est du Rhône entre Vienne et Valence.

Meubles de ville et meubles de montagne

Le mobilier dauphinois se compose, comme le savoyard, de deux grandes familles : les meubles de plaine, généralement plus riches, en noyer, et les meubles de montagne, plus austères, le plus souvent fonctionnels, décorés, voire fabriqués par les paysans pendant les longs mois d'hiver. A mentionner tout spécialement les meubles du Queyras, très particuliers par la richesse et la nature de leur décor.

Caractères et décors

Ayant subi une quadruple influence : lyonnaise (et bourguignonne), italienne, savoyarde (au nord) et provençale (au sud), le mobilier dauphinois présente néanmoins des caractères qui lui sont propres : un décor sculpté généralement peu accentué, des moulurations et des gorges profondément marquées, l'utilisation de filets, moulures et cannelures teintés de couleurs sombres, souvent en noir, procédé qui sera utilisé par les Hache, ébénistes grenoblois dont les productions ont séduit la haute société.

271

Coffres du Queyras

Il en reste quelques exemplaires fabriqués au XVIe siècle qui continuèrent d'être produits sur le même modèle jusqu'au XIXe siècle, surtout dans les hautes vallées alpines. Ainsi le Queyras (au sud de Briançon) est connu de tous les amateurs d'art populaire pour ses coffres somptueusement décorés de rouelles à rayonnement curviligne, de rosaces à sept branches, symboles astraux ou chrétiens, fleurs stylisées et décors géométriques, qui couvrent la totalité du panneau antérieur, tracés au compas, creusés au couteau ou à la gouge, parfois sur des fonds rougis au fer pour bien détacher le motif. L'intérieur de ces coffres est divisé en plusieurs compartiments, certains fermant à clef, chacun ayant son usage. De tels «chefs-d'œuvre» sont souvent signés (du nom de l'artisan ou du destinataire) et datés.

Armoires

Plusieurs catégories d'armoires cohabitent en Dauphiné, plus particulièrement dans la région de Grenoble. Si les armoires de montagne sont sommaires avec des pieds qui ne sont que le prolongement des montants verticaux, les armoires de plaine s'apparentent aux armoires classiques de type Louis XIII ou Louis XV avec un décor généralement sobre, plus développé dans les productions destinées aux classes aisées.

A souligner l'existence d'armoires garde-manger, hautes, à une seule porte à plusieurs panneaux; le panneau supérieur évidé est équipé d'un grillage ou d'un rideau. Autre type d'armoire que l'on rencontre plus dans la chambre que dans la salle commune, plus dans les demeures bourgeoises que dans les fermes : l'armoire garde-robes aux dimensions imposantes de style Régence ou Louis XVI aux moulures profondes, modèles qu'on appelle aussi parfois armoires à linge.

Ces armoires, selon qu'elles sont du nord ou du sud de la région présentent une physionomie et un décor qui les apparentent, pour les premières au Louis XIII et au Louis XIV, pour les autres au Louis XV et au style rocaille qui annonce déjà la Provence.

On compte également des armoires dites de cuisine qui sont en fait des buffets deux corps dont le corps supérieur s'aligne sur celui du bas avec le plus souvent une rangée de tiroirs entre les deux.

Buffets

Il faut enfin signaler la présence fréquente de buffets bas à deux portes, avec ou sans tiroirs dans la ceinture, plus proches de la structure Louis XV que leurs cousins lyonnais, en majorité Louis XIV ou Régence. Nombreux sont ceux qui sont équipés – là aussi comme à Lyon et dans sa région – de dessus en pierre. Certains de ces buffets bas sont surmontés d'une «cuillerée», barre métallique fixée au mur à laquelle sont suspendus des ustensiles de cuisine, dont les cuillères.

Vaisseliers et panetières

D'autres buffets bas sont surmontés de plusieurs rangées d'étagères, directement fixées au mur, qui ne reposent pas sur le plateau du buffet mais donnent à l'ensemble l'apparence d'un vaisselier.

Il y a les classiques types de vaisseliers (appelés également dressoirs ou redressoirs) rencontrés ailleurs mais aussi un modèle très particulier, caractéristique du Dauphiné, qui comporte deux petits placards sur les deux côtés du corps supérieur. Ils entourent non pas une simple niche mais un ou plusieurs tiroirs couronnant le corps du bas.

Pour en terminer avec les meubles de rangement, il nous faut évoquer les panetières fixées au mur, plus nombreuses dans la partie méridionale du Dauphiné, très voisines pour les formes et la structure de leurs cousines provençales, mais dont le décor est plus austère, moins marqué : il s'agit là d'un meuble utilitaire et non d'une pièce de prestige au caractère décoratif.

Tables

Les tables du Dauphiné ressemblent aux modèles classiques et traditionnels qu'ils soient de style rustique, populaire ou bourgeois. Les pétrins et tables-pétrières sont omniprésents et leur seul caractère un peu inhabituel est de présenter un tiroir dans le bas de la caisse.

Sièges

Mêmes observations pour les sièges classiquement «populaires» ou bourgeois avec une mention spéciale pour les créations du Queyras où les traverses des dossiers, des chaises ou des fauteuils sont à l'image des coffres et des lits, c'est-à-dire décorées de rosaces, rouelles, cœurs et autres dessins du répertoire populaire.

Lits et berceaux

Les lits aussi sont courants : lits bourgeois répondant avec retard aux modèles parisiens, ou lits de ferme munis de quatre gros montants et d'un dossier en bois découpé.

C'est dans le Queyras que l'on trouve les réalisations les plus originales avec des lits mi-clos, dits lits-cages, dont tous les éléments sont abondamment sculptés de motifs appartenant au même registre employé pour la décoration des coffres.

Il existe aussi des lits dont la partie basse ouverte peut recevoir un second lit sous le premier, ou un tiroir, employé comme berceau pour les jeunes enfants.

Commodes, bureaux et petits meubles

A partir du XVIIIe siècle on rencontre tous les meubles classiques, de la commode à la travailleuse en passant par les bureaux, secrétaires et tous les petits meubles destinés aux demeures nobles ou bourgeoises. Tous les styles notamment le Louis XIV, mais plus encore le Régence, le Louis XV et le Louis XVI, voire le Directoire et l'Empire sont représentés par les créations en bois fruitier mais aussi marquetées notamment à Grenoble où sont établis les ateliers des Hache (voir encadré).

Se détachent également de cette production abondante et variée des commodes dont les poignées sont en bois, entièrement dégagées de la masse. Elles portent le nom de manettes et certaines sont originaires de la région de Saint-Marcellin.

Coffre en mélèze avec inscription
tirée des Écritures saintes
et sculpté d'une rosace en soleil.
Vallée du Queyras (Hautes-Alpes).

(Collection du Musée dauphinois.)

*Coffre à grain en bois naturel
sculpté de nombreux
motifs populaires
d'inspiration géométrique
à vocation prophylactique.
Provenant de Saint-Véran (Hautes-Alpes).
Inscription et date : 1715.*

(Collection du Musée dauphinois.)

Bois et ferrures

Deux essences de bois sont particulièrement employées pour la fabrication des meubles du Dauphiné : le noyer dans les régions de plaine et le mélèze dans les régions de montagne. En haute altitude sont également utilisés le sapin, le châtaignier et l'arol, nom usuel du pin cembro.

Menuisiers et ébénistes locaux ont aussi recours aux bois fruitiers, le cerisier notamment, au hêtre, au chêne, au poirier, au buis et au bouleau.

Les ébénistes comme les Hache se servent de bois indigènes mais aussi de variétés exotiques pour réaliser des marqueteries savantes, égalant certaines productions parisiennes de l'époque.

Les ferrures, sauf sur les meubles de luxe, sont simples, les gonds des armoires discrets et courts, les poignées, petites, sont en fer, plus rarement en cuivre, quelquefois en bronze doré pour les meubles d'ébénisterie.

*Coffre de mariage
en bois naturel sculpté
de motifs géométriques
et floraux stylisés.
Région du Queyras. XVIIIe.*

(Doc. Étude Holz, Arles.)

*Petite armoire en bois naturel,
deux vantaux et un tiroir
dans la traverse du bas.
Queyras. XVIIIe.*

(Doc. Étude Holz, Arles.)

275

*Armoire à deux portes et trois tiroirs,
décors géométriques sur les panneaux
et sur la corniche.
Vallée du Queyras. XVIIIe.*

(Doc. Étude Germain, Desamais, Avignon.)

*Armoire en bois naturel mouluré et sculpté
à deux portes, éventails sur les panneaux inférieurs
et sur la traverse du bas. XVIIIe.*

(Doc. Étude Rebouillon, Romans.)

*Buffet en bois naturel mouluré,
quatre portes, trois tiroirs médians.*

(Doc. Étude Holz, Arles.)

Vaisselier en bois de conifère.
Vallée du Queyras. XVIIIe.

(Doc. Étude Germain, Desamais, Avignon.)

Bureau cylindre en placage de noyer.
Travail de Jean-François Hache.
Grenoble, XVIIIᵉ.

(Doc. Étude Fournier, Rouen.)

Une dynastie d'ébénistes grenoblois, les Hache

Comme Lyon ou Montbéliard, Grenoble et le Dauphiné ont eu le privilège de compter, au XVIIᵉ siècle, une dynastie de menuisiers et ébénistes, les Hache, qui créèrent des meubles non seulement capables de rivaliser avec les productions parisiennes mais qui présentaient également des caractères originaux.

Fils cadet d'un ébéniste toulousain d'origine picarde, Thomas Hache s'établit à Grenoble où il épousa la fille d'un menuisier-ébéniste de la ville, Michel Chevalier, voie alors classique pour succéder au beau-père et devenir son propre maître. C'est en 1720, à la mort de Chevalier, que Thomas Hache hérita de l'atelier et de sa clientèle. Son propre savoir-faire lui permit de devenir le fournisseur de la noblesse locale et des riches bourgeois. Son fils Pierre (1703-1776) lui succède et de sa longue lignée, onze enfants, trois deviennent eux-mêmes ébénistes. L'aîné Jean-François (1730-1801), le plus célèbre avec ses fameux magasins situés place Claveyson, devint, selon le comte de Salverte *(Les Ébénistes du XVIIIᵉ siècle)* ébéniste du duc Louis-Philippe d'Orléans, gouverneur général du Dauphiné. Selon Maurice Alaret *(Vie à la campagne* du 15 décembre 1923) c'est Pierre Hache, le fils de Thomas, qui reçut ce titre, véritable passeport de bon goût et publicité de prestige qui gagna aux Hache toute la riche clientèle du Dauphiné.

Bureau Mazarin en placage de noyer et loupe de noyer marqueté. Travail attribué à Hache à Grenoble. Époque Louis XIV.

(Doc. Étude Anaf, Lyon.)

Table de salon en bois de placage marqueté, plateau décoré, tiroirs sur les côtés, rose des vents en ceinture. Estampillage Hache à Grenoble. XVIIIᵉ.

(Doc. Étude Laurin, Guilloux, Buffetaud, Tailleur, Paris.)

Jean-François Hache abandonna le commerce du meuble à son frère Christophe-André dit Lagrange ou Bibi (1748-1831) qui cessa toute activité après vingt ans de métier.

Les productions des Hache suivirent les styles en vogue pendant leur période d'activité, Louis XIV et Régence pour Thomas et Pierre, Louis XV et Louis XVI pour Jean-François et ses successeurs. Leur originalité : l'exécution de meubles de haute qualité tant par les formes que par les décors, avec de surcroît une particularité par rapport aux productions parisiennes, l'emploi de loupes et de racines de bois indigènes. Celles-ci, loupes de noyer, ronces de frêne, bois dit de Sainte-Lucie, bois fruitiers, sycomores, platanes sont tantôt utilisées dans leurs teintes naturelles, tantôt teintées. Mais les Hache, Jean-François notamment, ne répugnent pas à employer les bois exotiques classiques pour exécuter les mar-

*Commode en bois de placage marqueté
de bois indigènes.
Estampille de Hache fils
à Grenoble. Époque Louis XV.*

(Doc. Étude Anaf, Lyon.)

*Commode à trois rangs de tiroirs
en bois de placage marquetée
en façade et sur les côtés.
Attribuée à Hache.*

(Doc. Étude Kohn, Bourg-en-Bresse.)

queteries. Autre signe de la production des Hache, l'utilisation du cerne noir pour entourer certains panneaux, pratique qui fut copiée par nombre d'artisans locaux. Les motifs décoratifs reproduits étaient ceux alors à la mode : motifs géométriques, bouquets de fleurs ou vases fleuris inscrits dans des médaillons ovales. Toutes sortes de meubles sont sortis des ateliers des Hache : commodes, bureaux, secrétaires, tables, petits meubles volants mais aussi coffrets et coffres, armoires, trictracs, bidets, encoignures, chaises de commodité, chiffonnières, écritoires et moulins à café... le tout, pour reprendre une publicité de l'époque «du dernier goût et à juste prix».

Les Hache produisirent non seulement des meubles marquetés mais également des pièces en bois naturel, moins chères, diffusées plus largement.

Les meubles furent estampillés dès la seconde génération, par Pierre Hache et ses successeurs, estampille souvent accompagnée d'une étiquette fixée dans un tiroir, sous une tablette, etc.

Petite table dite «de chartreux»
en noyer blond,
pieds à colonnes renflées,
ceinture festonnée à tiroir
latéral.XVIIe.

(Doc. Étude Ader, Picard, Tajan.)

Exemple d'utilisation d'un bois local,
en l'occurence le mélèze, dans le Queyras,
pour cette chaise abondamment sculptée
de motifs géométriques d'inspiration populaire.
A souligner le caractère «architectural»
du dossier à arcades et colonnette tournée.
Meuble daté de 1791 avec deux initiales C et V.

(Musée Dauphinois, Grenoble. Photo Jahan.)

Commode à trois rangs de tiroirs
en noyer et bois fruitier; XVIIe.

(Doc. Étude Peron, Corsy, Melun.)

*Lit mi-clos en bois naturel sculpté
de nombreux motifs de type populaire
de type géométrique, inscription
sur le linteau «W.I.M.F.I. 1801».
Provenant de Saint-Véran (Hautes-Alpes).*

(Collection du Musée dauphinois.)

Musées

05. AIGUILLES

Musée du Vieux-Queyras, place de la Mairie.

38. BOURGOIN

Musée Victor Charreton, 15, rue Victor-Hugo.

05. GAP

Musée départemental, 4, avenue du Maréchal-Foch.

38. GRENOBLE

Musée dauphinois, 30, rue Maurice-Gignoux.

26. ROMANS-SUR-ISÈRE

Musée d'ethnographie régionale, 2, rue Sainte-Marie.

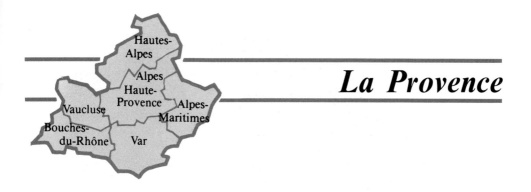

Hautes-Alpes

Alpes
Haute-Provence

Vaucluse

Alpes-Maritimes

Bouches-du-Rhône

Var

La Provence

Géographiquement, la région intéressée par ce chapitre dépasse les limites de la Provence historique. Elle correspond aux départements des Bouches-du-Rhône, du Var, du Vaucluse, des Alpes-Maritimes, des Alpes de Haute-Provence et une partie des Hautes-Alpes (le Gapençais). Bornée par le Dauphiné au nord, par le Languedoc à l'ouest, l'Italie à l'est et la Méditerranée au sud, la Provence, avec le comté de Nice et le comtat Venaissin, présente des caractères nés de la géographie et de l'histoire, qui ont donné au mobilier de cette région une originalité et une richesse tout à fait particulières.

Sans remonter à l'antiquité grécolatine, rappelons que la position méditerranéenne de cette région favorise le développement du commerce, donc l'établissement de belles fortunes et les contacts avec les courants artistiques voisins, italiens notamment. Plus tard, le règne du roi René (1434-1481), souverain éclairé et qui, selon la formule, était «un ami des lettres et des arts», favorisa l'épanouissement de toutes les formes d'arts décoratifs, celui du meuble particulièrement. Née en Italie, la marqueterie, par exemple, pénétrera en Provence bien avant Paris.

La réunion de la Provence à la France en 1486, d'Avignon et du comtat Venaissin en 1791, du comté de Nice une première fois en 1793, puis définitivement en 1860, ne changera que peu de choses à la «perméabilité» culturelle de la Provence qui sait parfaitement intégrer en les adaptant et en les transformant les principaux courants décoratifs nés à Paris mais aussi en Orient.

Certains historiens du meuble n'ont pas manqué de faire appel à des arguments typiquement climatiques. Pour Yvonne Bruhammer : «La température, le climat doux autorise, au moins un siècle avant le reste du pays, la distribution de la maison en pièces distinctes au lieu qu'ailleurs, l'âtre interdit toute décentralisation du foyer.» (*La Maison française*, septembre 1962). L'existence de pièces spécialisées, présentes également dans d'autres provinces mais sans retenir pour autant l'attention en raison de leur rôle strictement utilitaire, est sans doute une des raisons de la variété du mobilier provençal. Car le décor, nous pourrions dire l'omniprésence du décor, est une des constantes du mobilier provençal, les meubles populaires échappant ici moins qu'ailleurs à la règle.

Basse et Haute-Provence

Toute généralisation conduisant inévitablement à une contre-vérité, il est indispensable de nuancer ces propos. Si tout ce qui a été écrit plus haut vaut pour la Basse-Provence (la partie sud, le littoral méditerra-néen et son immédiat arrière-pays, entre le Rhône et la frontière italienne en passant par les Maures et l'Esterel), c'est un peu moins vrai pour tout ce qui concerne la Haute-Provence, du Lubéron aux Alpes en passant par le plateau de Valensol. Ici, tant pour les formes que pour le décor, une plus grande sobriété est de mise, les frontières restant souvent floues et répondant moins à la géographie qu'aux écarts de niveau de vie.

Caractéristiques du mobilier provençal

Nous ne nous étendrons pas sur les meubles antérieurs à la Renaissance dont nous n'avons connaissance que par certaines rares pièces de musées ou par les descriptions des inventaires notariés. Soulignons seulement l'influence italienne, celle de Gênes et de Venise qui donnèrent le ton en exportant bon nombre de meubles, vite copiés et adaptés par les fustiers, nom des menuisiers et ébénistes provençaux. Le mobilier peint et décoré en polychromie a connu un succès qui a traversé les modes et les grands courants.

A partir de la Renaissance, les styles «parisiens» pénétrèrent avec moins de retard qu'ailleurs les ateliers des artisans, très actifs à Aix, Arles, Marseille, Beaucaire, Tarascon, Forcalquier, Avignon... C'est à partir de cette époque que le noyer est employé régulièrement et remplace le cyprès. Les meubles épousent – après être passés par le filtre de l'imagination et du savoir-faire local – les structures et décors utilisés à cette époque. Coffres, armoires et deux corps à corniches droites, ou à fronton triangulaire, présentent des panneaux sculptés de masques, rinceaux, cariatides, scènes tirées des Saintes Écritures ou de la mythologie gréco-romaine.

Les guerres de religion freinèrent le développement de l'art du meuble mais la Réforme marqua plus profondément la Haute-Provence dont le mobilier gardera longtemps son aspect Louis XIII, austère, aux structures droites et au décor sobre de pointes de diamant, rigorisme qui reflète les adhésions religieuses sans doute, mais aussi un niveau économique plus faible qu'en Basse-Provence et un penchant naturel à «la réserve», propre aux habitants de Haute-Provence par opposition à l'apparente exubérance méditerranéenne.

Cette exubérance pourra se donner libre cours au XVIIIe siècle avec le style Louis XV. Il faut ici souligner que le mouvement rocaille n'est pas seulement venu de Paris; il est né en partie dans le midi, puisque le sculpteur toulonnais Bernard Toro, élève du sculpteur marseillais Pierre Puget, en a été l'un des inspirateurs en publiant, en 1716, un recueil de dessins où triomphait la courbe. C'est au même Bernard Toro qu'on attribue la mode des grandes consoles d'apparat.

Le style «fleuri» et le style de Fourques

C'est à Arles que naquit, et qu'à partir de là essaima dans toute la province, le style provençal. Il faudrait dire les styles provençaux, le style «fleuri» et le style de Fourques, du nom d'une localité proche d'Arles où serait né ce décor particulier.

Les formes d'abord : les corniches et frontons se cintrent, les pieds se galbent, s'enroulent en coquilles d'escargot ou se fendent en pieds de biche. Les panneaux, montants et traverses sont moulurés et souvent sculptés. Le style fleuri se caractérise par des sculptures fines et serrées à base d'éléments végétaux (d'où son nom) et rocailles. La branche d'olivier est le plus souvent préférée à la feuille d'acanthe, mais on retrouve la fameuse coquille et les motifs auriculaires déjà vus en Alsace. Souvent, le décor est ajouré, notamment sur les traverses inférieures de meubles comme les armoires ou les commodes.

Le style dit de Fourques est plus sobre : moins de sculptures mais des moulurations linéaires en creux, asymétriques et chantournées, se terminant par des boucles enroulées en corne de bélier ou en forme de coquille. C'est ce qu'on appelle le décor au colimaçon.

Tous les éléments de style Louis XVI (épis de blé, oiseaux se becquetant, grappes de fruits, paniers fleuris, soupière rappelant l'urne antique, lyres, torches, carquois, draperies) viendront couvrir des meubles aux structures et aux formes encore Louis XV, comme en Normandie.

Bobèches et fuseaux

Autres caractéristiques du mobilier provençal, les parties sculptées ou tournées comme les bobèches (nom arlésien), plumets ou mouchets (noms qu'elles portent en Avignon). Il s'agit de petites sculptures ou de pièces tournées, en forme de panache, terminées par un gland ou une olive, qui ornent les sommets et les angles des panetières, ainsi que le haut des montants de sièges.

Ces sortes de panaches nés du mouvement baroque, assez discrets sur les réalisations du XVIII° siècle, se multiplient sur les meubles plus tardifs, sous le second Empire notamment. Des panneaux de meubles à peine sculptés ou sans sculpture aucune, sont alors couverts de véritables frises dans l'esprit de surcharge propre au règne de Napoléon III. Autre particularité provençale, les fuseaux, sortes de balustres tournées qui constituent la structure de meubles comme la panetière et le garde-manger.

Les styles Louis XV et Louis XVI restèrent en vigueur tout au long du XIX° siècle et jusqu'au premier conflit mondial. Des copies de style continuent d'être produites de nos jours. Plusieurs études sur les meubles provençaux, par ailleurs excellentes et auxquelles nous nous référons souvent, négligent l'influence qu'ont eue les styles Empire, Restauration et Louis-Philippe sur les productions provençales, qu'on considérait comme presque exclusivement fidèles aux styles du XVIII° siècle. Certains travaux

récents sur la représentation du mobilier dans les ex-voto montrent que cette filiation ne fut pas négligeable, notamment pour le style Louis-Philippe dans le cas du lit-bateau qui connut un succès méconnu par de nombreux historiens.

Si la simplicité du style Louis-Philippe fut appréciée en Haute-Provence, il n'en fut pas de même des «outrances» rocailles qui, acceptées par certains, furent rejetées par la majorité qui garda sa préférence aux formes et décors d'inspiration Louis XIII, et celà, même à la fin du XIX° siècle.

La marqueterie

Un mot encore pour la marqueterie qui connut quelque succès dans les familles aisées de Marseille et d'Aix notamment : parmi les motifs les plus courants, la rose héraldique, la fleur de jasmin, l'œillet, la pervenche, l'églantine, mais aussi les motifs géométriques comme les damiers, losanges, cubes, étoiles à cinq branches et croix de Malte. A souligner que, contrairement à ce qui se pratiquait parfois à Paris, la marqueterie provençale se limite au cadre des panneaux et ne se développe jamais sur l'ensemble du meuble.

Quant aux meubles polychromés, ils étaient en vogue dans les mêmes milieux au cours de la seconde moitié du XVIII° siècle.

Commode en bois naturel à deux tiroirs, base festonnée, décor mouluré, coquille à la partie inférieure. XVIII°.

(Doc. Étude Laurent, Vichy.)

Armoires

L'armoire provençale appartient pour sa structure au type Louis XV : corniche cintrée en chapeau de gendarme, fronton fortement mouluré, montants arrondis, traverse du bas chantournée, parfois ajourée, pieds en escargots sur sabot, deux vantaux divisés en trois panneaux, le central mouluré en oblique comme sur les armoires normandes. Le décor appartient soit au registre Louis XV revu et corrigé par les sculpteurs provençaux, soit au registre néo-classique Louis XVI, ou encore au XIXe siècle par l'amalgame des deux registres.

A souligner l'absence totale de tiroirs extérieurs et, pour les plus anciennes, celle aussi de sculptures au centre des panneaux des portes.

Appelée garde-roubo (garde-robe), l'armoire est un des meubles les plus intéressants de la Provence. Les modèles de Haute-Provence échappent au type décrit ci-dessus et restent affiliés au Louis XIII classique à moulures droites, corniche rectiligne et décors géométriques.

Deux corps et buffets à glissants

L'existence de nombreux placards a souvent rendu inutile la fabrication des deux corps. On en trouve parfois en Haute-Provence au fronton triangulaire ; les plus anciens sont des XVIIe et XVIIIe siècles. Pour les deux corps d'esprit Louis XV du XVIIIe ou du XIXe siècle, une particularité que l'on retrouve dans les modèles languedociens : le corps supérieur est nettement plus grand que le corps du bas et semble l'écraser. Le décor et les structures rappellent ceux de l'armoire. Quant aux vaisseliers, ils sont rarissimes : les faïences sont exposées soit sur des étagères soit sur des buffets à glissants.

Les buffets bas répondent à plusieurs types. Certains, très classiques, n'ont aucune originalité particulière ; les plus riches sont dotés d'un plateau de marbre. De style

Henri II ou Louis XIII en Haute-Provence, ils adoptent comme les autres meubles le style Louis XV provençal en Basse-Provence.

Mais ils sont en Provence éclipsés par un meuble qui n'existe que là : le buffet à glissants. Né, dit-on, en Haute-Provence, il est adopté, fabriqué en Arles, puis essaime dans le reste de la région, en raison à la fois de sa commodité et de ses qualités esthétiques. Il s'agit d'un buffet bas de dimensions assez importantes, surmonté d'un gradin étroit et court qui libère une grande partie du plateau et permet d'y poser des objets, de la vaisselle entre autres. A l'origine, le gradin était muni de portes et (ou) de tiroirs. Pour ne pas avoir à déranger les objets placés sur le plateau, on remplaça les portes et les tiroirs par deux glissants, panneaux à glissières aux lignes souvent galbées. Entre ces deux éléments à glissières on note parfois un petit compartiment, à glissant ou à porte, appelé tabernacle.

Les plus somptueux buffets à glissants tiennent leur qualité, non pas de la profusion du décor, mais de la structure même du meuble, galbé en façade et sur les côtés. Ce sont des meubles de prestige, très recherchés, qui font l'honneur et la gloire non seulement des familles qui les possèdent mais aussi des artisans qui les réalisent.

Panetières et pétrins

La Provence compte un autre meuble qui lui est particulier même si on en rencontre à l'occasion en Dauphiné ou dans le Languedoc : la panetière. A l'origine, c'est une sorte de caisse ajourée, munie de rudes barreaux, que l'on pose sur le pétrin. A partir du XVIIIe siècle et plus encore au XIXe, les barreaux sont remplacés sur trois faces par d'élégants fuseaux tournés. Le devant est équipé d'une porte qui permet de poser ou de prendre le pain dont la conservation est assurée grâce à une bonne ventilation due à sa structure particulière. Les pieds sont galbés en forme d'escargot, avec ou sans sabot. La façade est à l'origine couronnée de quatre bobèches (ou plumets) appelés « candeliés », puis le nombre des bobèches augmente avec le temps. Initialement, la panetière se pose sur le pétrin mais plus

*Panetière et pétrin en bois
naturel mouluré et sculpté. XVIIIe.*

tard, pour éviter de la déplacer chaque fois qu'on utilise le pétrin, on la suspend au mur, au-dessus du pétrin. Toutefois, on conserve ses pieds, soit pour des raisons esthétiques (équilibrer les bobèches de la façade), soit qu'on veuille se réserver l'opportunité de la poser à nouveau sur un meuble bas.

A l'origine utilitaire, la panetière est vite devenue un meuble décoratif, dissocié de son complément, le pétrin. Celui-ci se présente en Provence sous deux formes distinctes : un modèle à pieds dégagés et un second à base pleine que l'on rencontre plus souvent dans le comtat Venaissin. Le premier est le plus répandu et si, à l'origine, son caractère strictement utilitaire ne lui vaut pas l'honneur d'un décor, il devient vite un objet de luxe avec ornementation abondante sur les deux traverses, généralement larges, qui maintiennent les quatre pieds tournés dans un plan légèrement oblique. Parfois un tiroir occupe la traverse supérieure. Un point permet de dater ces pétrins : pour les plus anciens, le décor ne couvre que les traverses ; dans les exemples plus tardifs, les sculptures et moulures rocaille, de style fleuri ou dans le goût de Fourques, envahissent la caisse. Des modèles anciens pouvaient être décorés plus tardivement, ce qui rend une datation difficile.

A signaler une autre variante, observée notamment dans le pays niçois : un pétrin supporté par des pieds galbés dépourvus de traverse.

Quelquefois est associé à la panetière et au pétrin le tamisadou, moulin à blûter, dont le mécanisme est dissimulé dans un large buffet, lui-même très souvent décoré.

Tables

Les petites tables volantes aux pieds galbés, à la ceinture découpée de volutes connurent un grand succès, de même que les consoles, grandes ou petites, quadripodes ou fixées au mur, à la ceinture ajourée et sculptée, de style rocaille.

On rencontre également des tables classiques dans les mas : modèles à grand plateau supporté par un piétement en forme de cadre, ou encore tables d'esprit Louis XIII aux pieds tournés réunis par une entretoise en X avec, en son centre, une toupie dont la forme rappelle celle des fuseaux. Les tables rondes sont également présentes, notamment dans les intérieurs les plus cossus.

Sièges

Le mobilier provençal est aussi riche en sièges. C'est en Provence qu'apparurent – importés d'Italie – les premiers sièges paillés qui connurent tant de succès, par la suite, dans toute la France. En noyer, hêtre, tilleul, chêne ou mûrier, en bois naturel ou peint,

chaises et fauteuils de Provence ont un siège trapézoïdal, des pieds antérieurs arrondis ou cannelés, un dossier ajouré en forme de gerbe ou de lyre pour les plus élégants. Certains dossiers, légèrement inclinés, sont composés de deux ou trois traverses, chantournées et parfois cintrées pour mieux épouser la forme du dos ; les montants s'ornent quelquefois à leurs extrémités de sortes de plumets ou de panaches rappelant ceux des panetières. Ces sièges ouvragés étaient dits «à la capucine» lorsqu'ils n'étaient pas dorés.

Les canapés à trois, quatre, voire cinq places, connurent une grande diffusion : simples et paillés avec des formes rigoureuses ou capitonnés et plus confortables. Caractéristique remarquable : entre les accoudoirs qui ne figurent qu'aux deux extrémités, les dossiers et les sièges de chaque place sont nettement délimités. Appelé le ravassié (le rêveur) ou rabassié, ce type de siège existe également dans le Languedoc.

Lits et berceaux

Excepté le lit clos, tous les types de lits ont été fabriqués en Provence, du lit à colonnes au lit à baldaquin pour finir par le lit-bateau très répandu au XIXe siècle. Le type le plus caractéristique est équipé d'un chevet mouvementé, appuyé contre le mur, les pieds antérieurs étant prolongés par des montants verticaux coupés net. Pour les lits les plus simples, les pieds s'arrêtent au niveau du matelas. Les berceaux restent assez classiques : en forme de gouttière, ils sont montés sur deux patins balancelles. Ce sont les décors rocaille et Louis XV qui distinguent les berceaux provençaux de ceux des autres régions.

Commodes et petits meubles volants

Rarement rencontrée ailleurs, la commode, meuble-clé en Provence, a été diffusée très tôt dans les classes aisées, puis dans les familles plus modestes. De l'esprit rocaille qu'ont su lui donner les fustiers du Midi sont nées des réalisations particulièrement spectaculaires : les courbures et chantournements divers, une traverse inférieure parfois ajourée, des côtés galbés, un noyer au grain fin et serré et aux couleurs chaudes, tout concourrait à faire de la commode provençale un meuble particulièrement éclatant et recherché. Son succès ne s'est pas ralenti avec le temps, si l'on considère les prix élevés obtenus en ventes publiques ou chez les antiquaires pour les modèles anciens.

A côté de ces commodes à deux ou trois tiroirs, avec ou sans plateau recouvert de marbre et aux garnitures métalliques de qualité, figurent de nombreux petits et grands meubles spécialisés comme les encoignures de tout genre, les secrétaires, bureaux de pente, etc., le plus souvent de style Louis XV ou Louis XVI provençal, ou panachant des motifs empruntés aux deux courants.

Garde-manger, boîtes à farine, verriaus et horloges

Autre meuble, cousin de la panetière, le garde-manger, appelé en Provence manjadou, armoire à une porte équipée à la partie supérieure du panneau, soit de fuseaux – comme sur la panetière –, soit d'un grillage pour la ventilation. La corniche de ce petit meuble est souvent cintrée et parfois couronnée là aussi de plumets, comme la panetière.

Citons également, au chapitre des petits meubles, l'estagnié, armoirette sans porte, à étagères, destinée à recevoir les étains ou d'autres récipients utiles à la cuisine et au service; le verriau, petite armoire destinée au rangement des verres, est généralement accrochée au mur mais a gardé ses classiques pieds en escargot, comme la panetière.

Deux boîtes ont également retenu l'attention des historiens du meuble, la boîte à sel et la boîte à farine, accrochées généralement de part et d'autre du foyer. Ce sont des sortes de petits coffres : la boîte à sel est munie d'un couvercle à abattant, légèrement incliné et décoré, et la boîte à farine d'un panneau à glissières jouant dans un plan vertical. Boîtes à sel et à farine sont généralement chantournées et sculptées de motifs provençaux classiques, la boîte à farine étant parfois ornée de poissons (enfarinés avant d'être cuits) ou de motifs rappelant la pêche.

Des horloges nous ne dirons que peu de choses, si ce n'est que le type le plus répandu présente une boîte violonée, sculptée ou peinte de motifs floraux.

Bois et ferrures

Le noyer domine largement toute la production provençale à partir du XVIe siècle. Sa couleur, sa texture facilitent le travail du fustier.

Autre bois local très utilisé, l'olivier intervient pour la fabrication de panneaux, les incrustations et la marqueterie. Les fruitiers, dont le cerisier, sont employés assez souvent notamment pour la fabrication de sièges. Ont également été exploités le buis, le sorbier, l'amandier, le tilleul et le poirier.

A souligner la bonne réputation du mûrier, que les vers et autres xylophages n'attaquent pas. On trouve également quelques bois des îles dans les marqueteries concurremment avec les bois locaux. Il y a même de l'acajou importé de Bordeaux.

La beauté des garnitures métalliques des meubles provençaux de qualité est comparable à celle des meubles normands. Encore faut-il faire une distinction entre les meubles de Haute et de Basse-Provence : les premiers sont plus sobres que les seconds. Sous la double influence de l'art espagnol et de l'art italien, la ferronnerie atteint des sommets.

Les entrées de serrures sont larges et ciselées, parfois à l'image de la dentelle. Sur les portes des armoires ou buffets Louis XV il y a deux ou trois gonds courts en acier poli. Sur les fabrications Louis XVI ou plus tardives, les gonds occupent toute la hauteur des vantaux. Outre le laiton sont également employés, mais plus rarement, le cuivre et le bronze.

Armoire de mariage en noyer clair
décorée d'épis de blés,
d'une urne d'où jaillit
un rosier grimpant,
importante garniture métallique,
caractéristique des meubles
(riches) en Provence au XVIIIe.

(Musée du Vieux-Marseille.)

Armoire provençale à deux portes
à trois panneaux en bois naturel mouluré et sculpté,
corniche galbée, faux dormant sculpté de motifs floraux stylisés,
importantes ferrures très ouvragées caractéristiques
des meubles provençaux destinés à une clientèle riche.

(Musée de Beaucaire. Photo J. Verroust.)

*Buffet-argentier en noyer blond sculpté.
Début du XIXe.*

(Doc. Étude Holz, Arles.)

*Buffet à glissants en noyer
mouluré et sculpté. XIXe.*

(Doc. Étude d'Authier de Sisgaw, Charriaud, Marseille.)

*Buffet en noyer sculpté.
Travail provençal du XVIIIe.*

(Doc. Étude Fournier à Rouen.)

Buffet à glissants en noyer sculpté. XVIIIe.

(Doc. Étude Kohn, Bourg-en Bresse.)

*Buffet à glissants
en bois naturel
mouluré et sculpté.
Arles. Milieu du XVIIIe.*

(Doc. Étude Ionesco, Neuilly.)

Panetière en noyer
mouluré et sculpté
dans le style de Fourques.
Provence. Fin du XVIIIe.

(Doc. Étude Holz, Arles.)

Pétrin en bois naturel
mouluré et sculpté. XVIIIe.

(Doc. Étude Laurent, Vichy.)

Panetière en noyer.
Ce meuble est un modèle de mariage
décoré de cœur, flambeau,
caducée et feuillage de myrthe
et d'églantine qui évoquent
l'amour conjugal sur la corniche,
la porte largement ouvragée
évoque les travaux des champs. XVIIIᵉ.

(Musée du Vieux-Marseille.)

Table à gibier provençale
abondamment sculptée. XVIIIᵉ.

(Doc. Étude Hours, Aix-en-Provence.)

299

Banquette paillée à huit pieds,
bois tourné d'esprit Louis XIII
et chantournement et échancru
d'esprit Louis XV.

(Musée de Beaucaire. Photo J. Verroust.,

Console en bois doré et sculpté.
Travail de la région d'Avignon. XVIIIe.

(Doc. Étude Néret-Minet.)

Chaise à sel en noyer.
Sa destination : conserver une denrée précieuse,
explique la présence d'une serrure,
ici en forme de cœur. XVIIe.

Musée du Vieux-Marseille.)

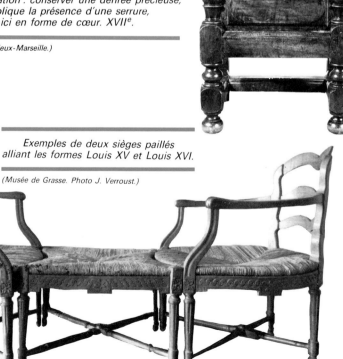

Exemples de deux sièges paillés
alliant les formes Louis XV et Louis XVI.

(Musée de Grasse. Photo J. Verroust.)

*De gauche à droite :
Fauteuil au dossier renversé
à décor ajouré d'un animal,
siège paillé. Au centre
estainier en bois naturel
sculpté de motifs floraux,
chaise à piétement tourné,
dossier à trois barres
transversales en accolade.*

(Doc. Étude Holz, Arles.)

*Commode à deux tiroirs en bois naturel mouluré,
sculpté et ajouré, motifs rocailles,
pieds escargots. XVIIIᵉ.*

(Doc. Étude Courtois, Angers.)

*Commode en bois naturel mouluré et sculpté,
traverse du bas ajourée de coquilles, pieds escargots,
façade et côtés galbés. XVIIIᵉ.*

(Doc. Étude Perrin, Chapelle, Lajeunesse, Versailles.)

*Commode en noyer, bombée en façade
et sur les côtés, abondamment sculptée,
dans l'esprit rocaille. XVIIIᵉ.*

(Doc. Étude Delorme, Paris.)

*Commode «sauteuse» en bois peint rose,
plateau en faux marbre.
Pays d'Aix. XVIIIᵉ.*

(Doc. Étude Savot, Orléans.)

303

Bureau de pente abattant
marqueté en parquet, centre
en ailes de papillon. Époque Louis XV.

(Doc. Étude Holz, Arles.)

Musées

13. AIX-EN-PROVENCE

Musée du Vieil-Aix, 17, rue Gaston-de-Saporta.

Musée Granet, place Saint-Jean-de-Malte.

13. ARLES

Muséon Arlaten, 29, rue de la République.

84. AVIGNON

Musée Calvet, 65, rue Joseph-Vernet.

83. BRIGNOLES

Musée du pays brignolais,
palais des comtes de Provence.

84. CARPENTRAS

Musée Sobirats, 112, rue du Collège.

Musée comtadin, 234, boulevard Albin-Durand.

84. CAVAILLON

Musée du Vieux-Cavaillon.

06. GRASSE

Musée d'art et d'histoire de Provence,
2, rue Mirabeau.

13. MARSEILLE

Musée du Vieux-Marseille, Maison diamantée,
2, rue de la Prison.

13. MARSEILLE (Château-Gombert)

Musée des arts et traditions populaires
du terroir marseillais, 5, place des Héros.

13. SAINTES-MARIES-DE-LA-MER

Musée camarguais.

Le Languedoc, l'Ardèche, et le Roussillon

Importante par son étendue géographique, cette région n'a pas été marquée par un mobilier d'une grande originalité, la plupart des meubles se rattachant aux grands styles nationaux avec à l'est, dans le Bas-Languedoc (Gard et Hérault) une influence provençale marquée, gasconne à l'extrême ouest. Le Roussillon mérite un traitement distinct. Pour en revenir aux divisions administratives actuelles, ce chapitre intéresse le Gard, l'Hérault, l'Aude, une partie de la Lozère, les Pyrénées-Orientales, le Gers, le sud du Tarn-et-Garonne, la Haute-Garonne et l'Ariège.

On retrouve comme partout la division classique meubles aristocratiques ou bourgeois et meubles paysans, voire montagnards.

Caractéristiques et motifs décoratifs

A l'est, dans la région de Nîmes notamment, le meuble est un cousin germain du provençal, se rattachant au Louis XV mais avec un décor plus simple, plus épuré. Vers Narbonne, les formes s'alourdissent.

Autour de Toulouse on trouve des meubles riches, très sculptés sous la Renaissance et au début du XVIIe siècle, des meubles marquetés au XVIIIe siècle. Les motifs en pointe de diamant ou en losange se font plus fréquents. On rencontre des meubles en acajou de Cuba, importé par les armateurs bordelais, et des pièces marquetées de fleurs «à la hollandaise» avec des contrastes de teintes de bois, technique apportée par des artisans venus des Pays-Bas à l'époque où Toulouse était favorable aux idées de la Réforme.

Dans les régions rurales ou de montagne, le mobilier répond à des impératifs fonctionnels et ne présente pas d'originalité digne d'être signalée.

Coffres

Outre les pièces de production courante à usage uniquement pratique, il faut signaler les coffres de la région de Toulouse et de ses environs, datant du XVIe siècle, caractérisés, du moins ceux destinés aux châteaux et aux riches demeures, par une somptueuse décoration sculptée : cariatides, personnages allégoriques en haut-relief ou semi haut-relief, avec également des chutes de fruits ou de fleurs.

Armoires

Meuble essentiel tant dans le Bas-Languedoc que dans le Haut-Languedoc, l'armoire est omniprésente. On la rencontre dès le XVIe siècle. Dans le Bas-Languedoc on l'appelle garde-robe ou déshabilloir. Les productions communes à l'Hérault et au Gard répondent à une structure Louis XIII classique, avec une corniche droite et moulurée, ou encore triangulaire. Pour les plus riches, la décoration couvre les battants divisés en multiples panneaux, le plus souvent sculptés de motifs d'inspiration biblique. Ce modèle d'armoire est appelé armoire protestante ou huguenote ou encore armoire de sacristie. D'autres sont plus simples avec des motifs géométriques Henri II ou Louis XIII.

Dans la région de Toulouse on rencontre également de belles armoires abondamment sculptées. Mais pour celles qui sont parvenues jusqu'à nous, ce sont des décors profanes — on fait plus appel à la mythologie gréco-romaine qu'à la Bible — qui dominent, comme sur les coffres, avec masques, animaux fabuleux, personnages allégoriques, cariatides, etc.

Au XVIIIe siècle, les formes Louis XV et les décors rocaille s'imposent, surtout dans la région nîmoise, corniches droites ou cintrées, panneaux sculptés de coquilles, motifs fleuris, etc. Dans cette même région, on trouve des armoires dites d'Uzès, sans justification précise d'origine. Ces meubles en bois blancs sont peints de décors polychromes religieux ou profanes, s'organisant,

en registres superposés et symétriques, sur les battants des portes, déterminant des panneaux en forme de rectangles, losanges ou ovales.

Dans le Haut-Languedoc, à côté des armoires en bois naturel mouluré et sculpté de type classique, on rencontre, dans les régions de Toulouse et de Revel, des armoires marquetées en bois de charme et de poirier. Les battants sont à deux ou trois panneaux; certains ont les deux panneaux supérieurs de grandeur identique, celui du bas étant plus petit. Dans la majorité des cas, la division en trois panneaux correspond au schéma classique : panneau supérieur plus haut, le médian plus petit, celui du bas de taille moyenne.

Tout au long du XIXe siècle les armoires adopteront les styles en vigueur dans les provinces françaises : le Louis XV avec parfois des motifs Louis XVI, et le Louis XIII de type gascon à l'extrême ouest.

Buffets

Les buffets deux corps et dressoirs correspondent à tous les types existants : corps supérieur soit moins large et moins profond que le corps inférieur, soit aussi large mais moins profond, soit aussi large et aussi profond (à l'aplomb), avec ou sans tiroirs dans la partie médiane.

La structure et le décor obéissent aux mêmes règles que les armoires : les deux corps très sculptés, d'esprit Renaissance, sont nombreux dans la région toulousaine.

Une particularité distingue parfois les deux corps du Haut-Languedoc des XVIIIe et XIXe siècle : le corps supérieur y est sensiblement plus grand qu'ailleurs.

Si les vaisseliers sont rares, par contre les buffets bas sont abondants; il s'agit souvent de bas de deux corps. Ils correspondent aux styles Louis XV et Louis XVI, tant pour les formes générales que pour les décors. Dans la région de Toulouse il existe des buffets bas d'inspiration Renaissance et Louis XIII. Le nombre des portes est souvent de trois, parfois de quatre, ces buffets bas deviennent alors de véritables enfilades.

*Coffre de mariage en noyer,
panneaux antérieurs sculptés
de losanges inscrits dans des carrés. XVIIe.*

(Musée des Vallées cévenoles, photo André Nicolas.)

 **Le Roussillon**

Dans le Roussillon, à une certaine massivité des formes s'ajoute un décor soit peint, soit sculpté, composé d'une répétition de motifs floraux – généralement stylisés – ou géométriques couvrant la quasi-totalité des panneaux, et même les montants et les traverses.

Les coffres catalans du XVIe siècle et quelquefois plus tardifs dénotent, comme dans la région toulousaine, un esprit Renaissance, mais ce sont ici les motifs géométriques qui dominent, des losanges et parfois des feuilles d'acanthe.

Les armoires présentent parfois deux battants divisés en six panneaux chantournés et sculptés de losanges et de carrés.

Le Roussillon offre plusieurs exemples de tables originales. On note d'abord la présence de tables avec piétement et plateau mobile, ou plateau à charnières, système qui la rend moins encombrante lorsqu'elle n'est pas utilisée. Il existe aussi des tables basses en bois et métal au piétement en forme de lyre, droite ou renversée, relié par des accolades métalliques. Sur certaines la ceinture est suffisamment large pour loger deux tiroirs aux épaisses sculptures.

Pour les demeures nobles ou bourgeoises, on rencontrait des lits sculptés et souvent peints en polychromie.

 ## Tables

Les tables répondent aux critères habituels. Tables longues et robustes dans les campagnes, tables aux styles parisiens dans les demeures bourgeoises avec, pour la région qui nous intéresse ici, un grand nombre de consoles aux courbes et coquilles Louis XV et au plateau fréquemment équipé d'un dessus de marbre.

 ## Sièges

Outre les classiques sièges paillés d'inspiration Louis XVI ou Directoire, il faut signaler, au chapitre des sièges, la présence de grands canapés à huit ou dix pieds, quelquefois à oreille et aux places marquées par la division du dossier. Ils sont de tous les styles, du Louis XV au Louis-Philippe, ce dernier ayant fortement marqué la production régionale.

Pour mémoire citons un siège curieux de la région de Pézenas, le buc, cylindre de bois équipé d'un dossier, destiné aux enfants en bas âge.

Lits

Si la douceur du climat explique l'absence presque totale de lits clos et la rareté des lits en alcôve, le seul lit au caractère régional prononcé est le lit de milieu au dossier plein, le devant dégagé, les pieds à l'aplomb de la literie.

A signaler enfin l'extraordinaire succès au cours du XIXe siècle, du lit de type bateau, Empire et Restauration, notamment à partir de 1840.

Commodes

La commode a connu un très grand succès dans ces régions et pénétra très tôt dans les intérieurs paysans.

Apparentée aux styles nationaux elle garde une allure typiquement provençale dans la région nîmoise et dans le Bas-Languedoc, avec un style Louis XV accentué, des décors prononcés, et d'amples galbes et chantournements.

Au fur et à mesure qu'on se déplace vers l'ouest, l'influence provençale s'estompe. Dans la région de Béziers on trouve un modèle carré avec des pieds à pans coupés, fabriqué entre 1750 et 1800.

Dans le Haut-Languedoc, sous l'influence des artisans hollandais évoquée plus haut, la marqueterie de motifs fleuris n'est pas rare. De même la pantalonnière (commode très large pour ranger les pantalons à plat, ou les vêtements sacerdotaux) est fréquente.

Panetières et verriers

Au chapitre des meubles de rangement, à signaler la présence dans le Gard de panetières aux structures provençales mais plus austères, moins chantournées.

Dans cette région aussi, à noter la présence des verriers, sorte de petites armoires vitrées destinées à recevoir des verres et qui, malgré la présence de pieds comme sur la panetière, sont suspendus au mur.

 **Bois et ferrures**

Si le noyer constitue l'essence de prédilection des menuisiers et ébénistes languedociens, le chêne l'emporte en Roussillon. Les fruitiers comme le merisier, le cerisier et le poirier sont aussi très utilisés. Plus au sud et plus à l'ouest l'orme n'est pas rare, comme le châtaignier dans les régions au relief élevé.

Bien que moins «fastueuses» que les ferrures provençales, les poignées de tirage, entrées de serrures et autres fiches sont souvent de dimensions imposantes et de qualité, notamment sur les meubles d'apparat comme certaines commodes de la région de Toulouse, sur les pantalonnières ou sur des buffets bas.

L'Ardèche

Bornée au nord par le Rhône et la Loire, l'Auvergne à l'ouest, la Drôme à l'est, les Cévennes et la Provence au sud, l'Ardèche ne possède pas un mobilier homogène. Pourtant certaines particularités permettent d'isoler des types qui n'appartiennent qu'à cette région.

Si le noyer constitue l'essence de bois la plus utilisée, on compte bon nombre de meubles en châtaignier, en sapin, en cerisier et en frêne.

Les coffres ardéchois se distinguent des coffres des régions voisines par leur plus grande taille. Il existe même une catégorie tout à fait originale, décrite par Pierre Charrié dans *Folklore du Bas-Vivarais,* les coffres de magnanerie.

Ces meubles, liés à l'élevage du ver à soie, en forme de commode, sont munis de faux tiroirs et d'un plateau mobile destiné à conserver les bobines de soie après le filage.

Les armoires sont moins hautes que leurs cousines lyonnaises ou foréziennes. Le plus souvent la corniche est rectiligne, moulurée, sans décor. Les ornements – géométriques ou d'inspiration florale – sont disposés sur le fronton, les montants et la traverse inférieure. Les pieds sont généralement droits.

A souligner la domination du décor Louis XIII à pointes de diamant tronquées en forme de losange ou de croix de Saint-André et la présence d'une proportion non négligeable d'armoires – souvent les moins hautes – démunies de dormant (la partie fixe de la menuiserie dans laquelle viennent s'emboîter les portes et tiroirs).

Au chapitre pétrins, outre les modèles classiques à caisse trapézoïdale et à piétement soit Louis XIII, soit d'inspiration Louis XV, s'ajoute, dans le Vivarais, un modèle dont l'auge, semi-cylindrique, repose sur un piétement vertical sans ceinture avec des montants biseautés.

Les lits, au nord de la région, au climat rude, sont équipés de portes à glissières, variante du lit en alcôve.

Coffre/grenier à céréales, châtaignes ou légumes secs, en bois de châtaignier.

(Musée des Vallées cévenoles, photo André Nicolas.)

Pétrin en noyer et châtaignier. XIXe.

(Musée des Vallées cévenoles, photo André Nicolas.)

*Saloir creusé dans un tronc de châtaignier.
Ce meuble appelé par ailleurs «homme debout»
pouvait être creusé dans l'arbre vivant dans la châtaigneraie
et servir de cachette. Plusieurs traditions orales
relatent l'histoire de prédicants,
qui au cours d'une assemblée surprise
à l'époque des persécutions religieuses
se seraient cachés dans de tels arbres.*

(Musée des Vallées cévenoles, photo André Nicolas.)

*Petite bonnetière avec large tiroir dans le bas.
Travail cévenol. Début du XIXe.*

(Doc. Étude Holz, Arles.)

Deux corps en noyer, corps supérieur en retrait,
deux tiroirs médians. Travail languedocien.

(Doc. Étude Douillard, Tarbes.)

313

Buffet à deux corps en bois mouluré
et sculpté. Façade architecturale.
Corniche brisée, corps supérieur en retrait.
La forme des meubles s'inspire
encore directement de l'architecture.
Fin du XVIe. Atelier Toulousain.

(Musée Paul-Dupuy, Toulouse.)

Chaise à pieds de type
colonnes baguées
entretoise frontale guillochée.
Fin du XVIe - Début du XVIIe.

(Doc. Étude Ader, Picard, Tajan.)

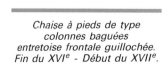

*Fauteuils «coin de feu» en châtaignier
et paille de seigle.*

(Musée des Vallées cévenoles, photo André Nicolas.)

*Berceau en vannerie de châtaignier
sur un support balançoire
en murier noir. XIXᵉ-XXᵉ.*

(Musée des Vallées cévenoles, photo André Nicolas.)

*Horloge de parquet,
caisse en pin. XIXᵉ.*

(Musée des Vallées cévenoles,
photo André Nicolas.)

Commode à trois rangs de tiroirs
en bois fruitier, façade galbée,
pieds volutes. XVIIIe.

(Doc. Étude Briscadieu, Auch-en-Gascogne.)

Manjadou (garde-manger),
panneau supérieur
à colonnes tournées
pour assurer la ventilation. XIXᵉ.

(Musée du Vieux-Nîmes.)

Panetière en bois ajouré
et sculpté, motifs sur
la corniche et à la base,
panneau central à colonnettes
en bois tourné. Fin du XVIIIᵉ.

(Musée du Vieux-Nîmes.)

Panetière à deux portes en forme d'arbalètre.
Travail languedocien. XVIIIᵉ.

(Doc. Étude Armengau, Agen.)

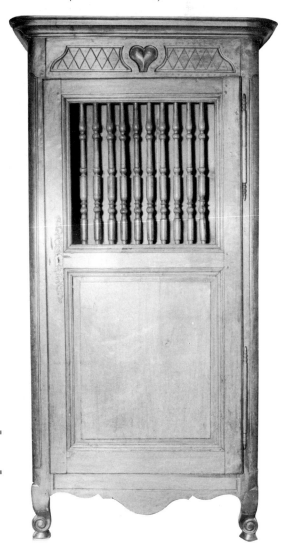

Commode de forme mouvementée
en noyer à trois tiroirs.
Pieds escargots ou en coquille.
XVIIIe.

(Doc. Étude Ader, Picard, Tajan.)

Commode à deux rangs de tiroirs
en noyer sculpté,
décor de rinceaux et coquilles.
Travail du midi. Époque Régence.

(Doc. Étude Libert Castor.)

Musées

34. AGDE
Musée agathois, 5, rue de la Fraternité.

07. ANNONAY
Musée vivarois César Filhol,
15, rue Jean-Baptiste-Béchetoille.

34. BÉZIERS
Musée du Biterrois, 7, rue Massol.

81. CORDES
Musée Charles Portal, Le Portail-Peint.

12. ESPALION
Musée Joseph Vaylet, rue Droite.

81. FERRIÈRES
Musée d'arts et de traditions populaires
de "Las Guarrigues".

09. FOIX
Musée départemental, Château des comtes de Foix.

48. LE PONT-DE-MONTVERT
Écomusée du Mont-Lozère.

30. LE VIGAN
Musée cévenol, 1, rue des Calquières.

30. MIALET
Musée du Désert, Le Mas Soubeyran.

34. MONTPELLIER
Musée du Vieux-Montpellier, 2, place Pétrarque.

30. NÎMES
Musée du Vieux-Nîmes, place de la Cathédrale.

66. PERPIGNAN
Casa Pairal, Le Castillet, place de la Victoire.

34. PÉZENAS
Musée Vulliod - Saint-Germain, 3, rue Albert-Paul-Alliés.

31. SAINT-GAUDENS
Musée municipal, place du Mas-Saint-Pierre.

30. SAINT-JEAN-DU-GARD
Musée des Vallées cévenoles, 95, Grand-Rue.

07. SERRIÈRES-SUR-RHÔNE
Musée des mariniers du Rhône et de la batellerie,
ancienne église Saint-Sornin.

31. TOULOUSE
Musée Paul Dupuy, 3, rue de la Pléau.
Musée du Vieux-Toulouse, Hôtel Dumay,
7, rue Dumay.

47. VILLENEUVE-SUR-LOT
Musée Gaston Rapin, 1, bd Voltaire.

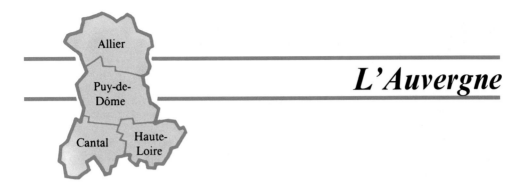

L'Auvergne

L'Auvergne tient son nom des Arvernes, cette tribu celte qui envahit la Gaule au VIe siècle avant J.-C. Malgré la diversité des paysages et des reliefs faits de plaines d'effondrement cernées de massifs volcaniques, l'Auvergne forme une sorte de bastion naturel comportant peu de voies de pénétrations où les traditions se sont longtemps conservées.

Dotée d'un climat très rude avec un nombre limité de grands centres urbains et une population regroupée dans de gros bourgs et de petites villes souvent isolés par la neige, l'Auvergne est un pays austère. Le mobilier y présente des caractères allant de pair : robustesse, massivité, sévérité sans sécheresse, toutes tendances qui s'exprimeront beaucoup mieux dans le mobilier d'esprit Louis XIII que dans celui d'esprit Louis XV. Ceci n'exclut pas une indéniable élégance non plus qu'une adaptation fort intelligente aux rudes conditions climatiques.

L'Auvergne comprend deux régions principales : la Haute-Auvergne regroupe le massif cantalien et la partie méridionale de la province. En raison des difficultés de communication, elle est restée à l'écart des influences extérieures. Le mobilier y a gardé plus longtemps son caractère spécifique.

La Basse-Auvergne, avec la Limagne et le Bourbonnais, témoigne de l'adoucissement du Massif central vers le nord. Les communications y sont plus faciles grâce, notamment, à la vallée de l'Allier. C'est là que se trouvent les principaux centres commerciaux. Le mobilier y sera plus varié et plus élaboré, mais parfois moins typique.

Le mobilier auvergnat gardera, longtemps, l'aspect carré des meubles du XVIIe siècle, surtout en Haute-Auvergne. Le mobilier d'esprit Louis XV pénétrera tardivement et n'aura jamais l'élégance que l'on trouve dans d'autres provinces. Il restera presque toujours assez rudimentaire.

Là, plus encore qu'ailleurs, les styles Louis XV et Louis XVI seront associés dans un même meuble. Au XIXe siècle, le mobilier Louis-Philippe, un peu massif, convenait assez bien aux artisans locaux.

Le mobilier auvergnat est le produit d'un artisanat très vivant mais très dispersé. Comme il existe peu de centres de production, les meubles sont souvent fabriqués à domicile par des huchiers locaux. Enfin, le paysan, durant les longs mois d'hiver, n'hésite pas à s'emparer d'outils, toujours très simples, et à décorer lui-même ses meubles.

La maison auvergnate

Région charnière entre le nord et le sud, l'Auvergne reste plutôt marquée par le midi. Les maisons sont simples et austères en altitude, plus riantes aux abords des terres de culture et de vigne.

La maison auvergnate est souvent construite en pierre volcanique ou en granit, parfois en pisé dans les plaines. Dans les régions isolées et montagneuses, le toit, toujours fortement pentu, est en plaques de basalte, schiste ou lave, ou encore en granit posé en écailles. Vers le sud, on adopte la tuile ronde, de type méditerranéen et la pente du toit est moins accentuée. Les demeures possèdent peu d'ouvertures en raison de la rudesse du climat et sont orientées, d'ordinaire, vers l'est.

La grande salle cuisine est ainsi agencée : le long du mur opposé à la porte et à l'unique fenêtre court une boiserie comprenant plusieurs lits clos semblables aux lits bretons mais plus simples, accompagnés de leurs bancs-coffres. Horloges, armoires ou placards aménagés dans la boiserie s'intercalent entre les lits. Si la famille est nombreuse, on continue le même procédé sur le mur opposé à la cheminée, si bien que la maison auvergnate semble lambrissée sur deux côtés. La cheminée, toujours de très grande taille, est assez vaste pour abriter un banc. Le mobilier est complété par une lourde table et quelques sièges.

Le plafond est souvent bas, il l'est encore davantage dans les régions les plus froides. Le sol est en dalles de pierre, basalte ou terre battue.

Donnant sur la grande pièce dont elle est séparée par une simple barrière en bois, la «souillarde», sorte de réduit, abrite l'évier ou «aiguière».

Structure

Solidement construit, d'allure quelque peu massive, le meuble auvergnat doit se nicher sous des plafonds bas. Le manque d'élévation est compensé par une plus grande profondeur, ce qui donne un aspect caractéristique aux armoires et aux buffets des régions montagnardes. Les pieds aussi sont de dimensions modestes, accentuant l'aspect trapu du mobilier.

Au XVIIe siècle, les artisans auvergnats ont fabriqué des pièces extrêmement bien assemblées. Les meubles d'esprit Louis XIII sont donc assez remarquables avec des arêtes à angles droits et des corniches plates et saillantes. La traverse inférieure n'est pratiquement jamais décorée.

Le «Louis XV» est transposé de façon rustique et maladroite comme si l'artisan n'avait jamais pénétré l'esprit de ce style. On n'y constate aucune exubérance et bien peu de souplesse, et l'amalgame avec le «Louis XIII» reste visible : corniche plate, seulement arrondie aux angles ou alors en chapeau de gendarme, montants rarement galbés. La traverse inférieure, par contre, est souvent chantournée. Les pieds des meubles Louis XV sont plus élevés, mais l'enroulement reste assez peu accentué, comme imparfait.

Il faut tempérer cette description pour les meubles du sud de la province, soumise aux influences languedocienne et provençale grâce, notamment, aux artisans de Montpellier. Le «Louis XV» y prend un aspect plus riant et plus fin avec des courbes et des contre-courbes bien marquées; les pieds sont enroulés avec plus d'élégance.

Motifs décoratifs

Les meubles d'esprit XVIIe siècle sont le plus souvent décorés de moulures saillantes et de motifs en pointe de diamant avec une influence évidente de la Gascogne. D'une façon générale, la sculpture est en fort relief ou creux, largement dessinée. La marqueterie, par contre, est pratiquement inexistante bien que, dans la région de Thiers, quelques artisans couteliers se soient livrés à des essais avec applications d'ivoire ou de nacre à défaut de bois exotiques.

L'expression artistique populaire est fort développée en Auvergne où les bergers en particulier fabriquent et ornent leur propre mobilier à l'aide d'instruments assez frustes. Les motifs utilisés rappellent alors ceux de la Gaule celtique : lignes géométriques traitées en chevrons, zigzags, pointillés, rouelles, éventails, losanges, étoiles... On trouve aussi des figurations solaires et lunaires, quelques cœurs, plus rarement des motifs tirés du règne végétal ou animal. Les meubles d'artisanat populaire sont personnalisés, datés, souvent gravés au nom de leur propriétaire.

Coffres

Moins nombreux que dans d'autres régions de France, les coffres ont été, néanmoins, largement utilisés en Auvergne. Ils se prêtent à toutes sortes d'usages : serrer les vêtements, accéder au lit, conserver le grain... Ils sont aussi placés près de l'âtre comme réserve à sel et comme siège.

Objet essentiellement utilitaire, le coffre est, d'ordinaire, décoré avec parcimonie.

Armoires

Dérivée du coffre, l'armoire n'a pas en Auvergne l'importance qu'elle peut avoir ailleurs, non plus que la charge affective qu'on lui donne lorsqu'elle est apportée en grande pompe, contenant tout le trousseau, par la jeune épousée au jour de ses noces.

En raison des placards aménagés dans les boiseries, l'armoire apparaît tardivement en Auvergne et se présente d'abord encastrée entre deux meubles.

En Haute-Auvergne domine l'armoire de type Louis XIII à pointes de diamants et décor géométrique. L'armoire de type Louis XV, plus raffinée, apparaît tardivement.

Le plus beau modèle d'armoire auvergnate provient de la région d'Aurillac. C'est l'armoire renflée dite «en corbeille». A la base, un tiroir, fermant à clé, est destiné à recevoir bijoux et objets précieux.

En Auvergne, on a souvent donné le nom d'armoire à des buffets deux corps, à quatre vantaux, prenant place dans la salle alors que l'armoire lingère décrite ci-dessus prend plus souvent place dans la chambre, lorsqu'elle existe.

Quelques armoires à grain dans le Cantal et dans le Velay sont extrêmement originales et montrent bien que ce meuble dérive directement du coffre : les deux vantaux du meuble s'ouvrent pour découvrir un haut coffre à grain.

Buffets, bahuts et vaisseliers

Il existe en Auvergne une grande variété de buffets et de bahuts. Les traits dominants de ces meubles sont d'esprit Louis XIII, massifs et robustes. Les bahuts Louis XV sont peu nombreux et assez lourds.

On distingue les buffets bas à deux portes surmontés ou non de tiroirs et les buffets à deux corps. Les premiers, appelés à tort, dans certaines parties de la province, commodes, restent d'une grande simplicité. Les seconds, plus nombreux, sont d'une exécution beaucoup plus soignée. Tantôt les deux corps sont à l'aplomb avec quatre vantaux parfaitement identique et des tiroirs médians, tantôt le corps supérieur est en léger retrait. Dans la plupart des cas, les corniches sont saillantes et la décoration géométrique. Parmi les motifs que l'on retrouve le plus fréquemment, les cercles concentriques, les pointes de diamants, le losange, l'étoile...

Le buffet-vaisselier se répand en Auvergne au début du XIXe siècle. Jusque-là, la vaisselle est posée sur une étagère accrochée au mur. De cette étagère intégrée à un buffet bas naît le buffet-vaisselier.

Le buffet garde-manger, appelé en Auvergne «fromager», est un buffet dont la partie supérieure présente des vantaux ajourés à balustres qui favorisent la ventilation des aliments, alors que la partie inférieure contient la vaisselle.

Tables

La table de la ferme auvergnate est massive, à large ceinture et très allongée. Encadrée par deux bancs, elle est placée le long de l'unique fenêtre.

Dans la ceinture logent plusieurs tiroirs. A l'une des extrêmités de la table, à la place du maître, le tiroir prend le nom de «tourtière». C'est là, en effet, que l'on conserve la grosse miche de pain de seigle, la «tourte» dont le maître se réserve la taille. De l'autre côté, un tiroir symétrique est destiné à d'autres aliments. Plusieurs autres tiroirs plus petits reçoivent les couverts.

Parfois, les tiroirs sont remplacés, comme en Bretagne, par des caissons que l'on découvre en faisant pivoter une partie du plateau. Le piétement de la table est en H et, sur les modèles les plus allongés, un cinquième pied, dans la partie centrale, assure la stabilité du meuble.

D'autres tables à plateau ovale reposent également sur un piétement en H et une ceinture rectangulaire mais celle-ci, peu important, ne permet pas d'y loger des tiroirs.

Sièges

Bancs et bancs-coffres sont les sièges essentiels. Les premiers, solides mais grossièrement équarris, encadrent la lourde table. Les seconds, appelés «cantou», ou «salis» lorsqu'ils contiennent la réserve de sel, trouvent place près de l'âtre. Certains bancs d'âtre comportent deux places. Ils sont d'ordinaire réservés aux personnes âgées. D'autres modèles sont équipés d'un dossier dont une partie se rabat, formant tablette, et permettent ainsi à l'aïeul de prendre son repas à l'écart de la tablée.

Les sièges paillés n'apparaissent guère qu'au XIXe siècle. Ils sont robustes et larges avec des dossiers particulièrement hauts. Le plus souvent, les fonds sont paillés de seigle, tout comme les chaises de dentellière décrites plus loin.

Lits et berceaux

Le lit auvergnat type est un lit mi-clos, pris dans la boiserie qui court le long du mur. Son usage a persisté longtemps – jusqu'au début du siècle – en raison du climat rigoureux.

Le lit mi-clos sert aussi à préserver une certaine intimité lorsque toute la maisonnée dort dans la même pièce. Trois ou quatre lits se succèdent alors le long du mur, accompagnés de leurs coffres marchepieds. La plupart d'entre eux sont fermés par des courtines. Quelques-uns, complètement clos comme en Bretagne, sont munis de volets à glissières. Le décor du lit est généralement sobre mais la découpe de l'alcôve peut être élégante et pleine de fantaisie.

Dans les intérieurs les plus aisés, on trouvait quelques lits à quenouilles, fermés par des rideaux.

Les berceaux, à barreaux, plutôt haut perchés, sont posés sur des patins qui en assurent le balancement. Ils sont aussi de beaux témoignages de l'art populaire. Parfois le berceau se réduit à une simple nacelle que la mère accroche à l'intérieur du lit mi-clos.

Pétrins, horloges, commodes et fontaines

Le pétrin ou maie, de forme évasée vers le haut, est formé d'une caisse à pétrir posée sur un support indépendant. L'horloge, encastrée dans la boiserie murale, est à l'origine réservée aux paysans prospères. Mais à partir de 1830, les colporteurs, venus de la Forêt-Noire, proposent des mécanismes pour lesquels les artisans fabriquent des caisses. Celles-ci restent dans l'ensemble peu variées et assez rudimentaires.

Il n'existe pratiquement pas de commodes dans les intérieurs paysans. La commode auvergnate des intérieurs bourgeois est un meuble en bois massif, généralement en noyer, renflée, de type «tombeau». Son exécution est d'ordinaire assez fruste.

La fontaine, au contraire, est largement répandue. En cuivre, le plus souvent, elle est fabriquée à Aurillac, centre de dinanderie qui jouit d'une grande réputation. Elle est posée sur un bâti en bois fixé à une porte.

*Chaise de dentellière,
table et bouteille de veillée.*

(Musée Crozatier, Le Puy.)

Le mobilier de la dentellière

La dentelle au fuseau s'est développée en Haute-Loire au XIVe siècle mais son apparition est beaucoup plus ancienne. On peut voir en effet, au musée du Puy, un carré de dentelle retrouvé dans un sarcophage datant des premiers siècles du christianisme.

L'art de la dentelle a été à l'origine d'une production mobilière particulièrement intéressante et originale. Le meuble essenticl de l'ouvrière est la chaise. Celle-ci, paillée de seigle, est fort basse avec, au contraire, un dossier de plus d'un mètre de haut, allant se rétrécissant. Les pieds sont souvent sculptés en chapelet et le dossier, ouvragé, reprend les thèmes populaires habituels : étoiles, motifs géométriques, arbres, feuillages...

Ce sont les hommes de la maisonnée – le plus souvent le fiancé ou le jeune marié – qui sculptent ces sièges au cours des longues veillées d'hiver ou lors des stations dans les pâturages.

Outre la chaise, souvent accompagnée d'un petit banc repose-pieds, on trouve le guéridon, avec son plateau rond. Il reçoit les lampes de dentellières et les bouteilles rondes, remplies d'eau, faisant office de loupe. A l'aide de ce dispositif, cinq dentellières pouvaient travailler à la même table. Certains de ces guéridons sont munis d'une tablette inférieure où l'ouvrière peut déposer ses bobines et ses fuseaux.

Autour de ces deux meubles principaux, on trouve des rouets, des dévidoirs, des boîtes où les dentellières déposent leurs épingles et leurs plioirs à dentelles. Ces derniers sont souvent ravissants, sculptés, ajourés, portant nom et date. Plusieurs modèles datant du XVIIe siècle peuvent être admirés au musée du Puy.

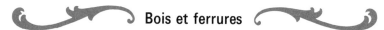

Bois et ferrures

L'exploitation du bois est une des richesses de l'Auvergne et les essences locales sont fort variées. Dans les plaines, la Limagne et la vallée de l'Allier, le noyer, fort beau et abondant, est largement employé. Possédant une belle teinte brun rouge rappelant l'acajou, il se prête fort bien à la sculpture.

Le chêne, robuste, est utilisé pour les montages. Les bois fruitiers, merisier et cerisier, sont également d'un usage courant.

Dans les régions montagneuses, on se sert volontiers du châtaigner que l'on trouve jusqu'à 800 mètres, du chêne, du frêne et du hêtre. Ce dernier sert, comme dans les autres provinces, pour la fabrication des sièges car le tournage en est aisé.

Le tilleul est apprécié dans le Velay et le pin dans les régions avoisinantes. Le buffet d'orgue de la Chaise-Dieu est sculpté dans ce bois.

Sobriété et finesse d'exécution caractérisent les ferrures des meubles auvergnats. La ciselure, ajourée, est souvent fort belle notamment sur les entrées de serrures se terminant en crête de coq ou en flamme, parfois découpées en motifs géométriques ou feuillagés.

Les fiches, d'abord assez courtes, s'allongent à partir du XVIIIe siècle. A noter, enfin, la complexité du verrouillage de certains coffres anciens sur lesquels sont vissés des mécanismes d'une très grande ingéniosité.

Chaise en noyer, XVIe.

(Musée Crozatier, Le Puy.)

Armoire de mariée.
Région d'Allegre, Haute-Loire, fin XVIIIe - début XIXe.

(Musée Crozatier, Le Puy.)

Meuble à deux corps en noyer.
Région d'Yssingeaux, Haute-Loire, XVIe.

(Musée Crozatier, Le Puy.)

326

Canapé banquette en noyer.
Pieds antérieurs en colonne, pieds postérieurs chanfreinés.
Supports d'accotoirs en balustres. Garni d'une tapisserie
postérieurement. Début du XVIIe siècle.

(Doc. Étude Ader, Picard, Tajan.)

Musées

63. AMBERT
Musée historique du Papier, Moulin Richard-de-Bas.

15. AURILLAC
Musée Jean-Baptiste Rames, 8, place de la Paix.

43. LE PUY-EN-VELAY
Musée Crozatier, jardin Henri-Vinay.

15. LOUBARESSE
Écomusée de la Margeride.

43. MOUDEYRES
Ferme des Frères Perrel.

03. MOULINS
Musée de Folklore et du Vieux-Moulins,
4, place de l'Ancien-Palais.

63. RIOM
Musée régional d'Auvergne,
10 bis, rue Delille.

43. SAINT-DIDIER-EN-VELAY
Musée des arts, métiers et traditions populaires
du Massif Central, place de la Halle.

15. SAINT-FLOUR
Musée de la Haute-Auvergne, 1, place d'Armes.

43. VERSILHAC
Musée d'art et des traditions populaires du Velay.

*Commode de pièce commune en bois naturel,
deux rangs de tiroirs.
Haute-Loire. Début du XIXᵉ.*

(Doc. Étude Holz, Arles.)

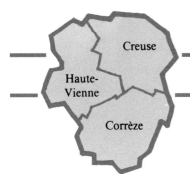

Le Limousin

Le Limousin couvre sensiblement les départements de la Haute-Vienne, de la Creuse et de la Corrèze.

Le mobilier, proche de celui du Périgord, y est cependant, beaucoup plus rustique, d'une grande sobriété et d'une certaine lourdeur. L'esthétique passe au second plan et la décoration est presque toujours absente. Il s'agit donc, dans l'ensemble, d'un mobilier essentiellement fonctionnel.

Cette rusticité non dénuée de charme est caractéristique d'une province où les courants extérieurs n'ont guère pénétré. Les artisans limousins, peu au fait de ce qui se passait ailleurs, ont œuvré selon leurs idées et leur tempérament.

Seules les parties limitrophes ont été marquées, le Bas-Limousin proche de la Dordogne par le Périgord, l'est de la province par l'Auvergne et l'ouest par les Charentes.

Coffres et pétrins

Solide, le coffre limousin est dépouillé, agrémenté seulement de quelques moulures interrompues par un V renversé pour faire place à la serrure.

Même le coffre de mariage reste très simple, sauf exception.

Le coffre à sel, parfois muni d'un seul bras, trouva sa place comme ailleurs près du foyer et le pétrin, fort répandu, adopte la forme classique trapézoïdale, reposant sur de simples pieds carrés. Les paysans les plus pauvres le creusaient dans un tronc d'arbre.

Armoires et commodes

Le coffre servait à ranger les hardes. L'armoire fait une apparition tardive; elle est pratiquement dépourvue de motifs d'orne-mentation. Elle possède une corniche plate, peu saillante. Les panneaux et battants sont entourés de simples moulures parfois arrondies ou chantournées.

La «commode», paradoxalement, qui reste ailleurs un meuble bourgeois, semble avoir supplanté le coffre avant que l'armoire ne se répande. Il est vrai que l'on a appelé, en Limousin, commode, des meubles bas à deux portes plus proches du bahut.

Bahuts et vaisseliers

Le bahut a connu un certain développement comme meuble de rangement. Il est d'ordinaire à deux corps et quatre portes avec plusieurs tiroirs.

Le vaisselier est présent dans les intérieurs même modestes. La partie basse à deux battants comprend un ou deux tiroirs. La traverse du bas pouvait être chantournée mais la décoration est réduite à quelques éléments en fer forgé. La partie supérieure comprend, d'ordinaire, trois étagères bordées d'une simple barre. On y exposait les rares faïences ou les pièces d'étain et de cuivre de la maisonnée.

Table et sièges

La table, assez lourde, repose sur quatre pieds carrés. Généralement en cerisier, elle ne comporte pas de tourtière pour la miche et peu de tiroirs. L'entretoise est le plus souvent absente.

Autrefois, dans les intérieurs les plus démunis, on creusait dans l'épaisseur du plateau des cavités dans lesquelles on versait directement la soupe.

Les sièges sont rudimentaires. Outre les bancs qui encadrent la table et le banc d'âtre, les paysans taillent eux-mêmes des tabourets à trois pieds et quelques chaises à peine ébauchées.

Les sièges paillés de jonc sont un peu plus soignés et foncés.

Lits et berceaux

Le Limousin a pratiqué le lit clos dans la partie de la région où le climat est le plus rude. Les lits se succèdaient, alors, sur un des murs de la maison avec une façade commune que l'on fermait par des rideaux ou des panneaux coulissants.

Les lits «à l'ange» avec «ciels de lits» étaient assez courants; ailleurs ils ont laissé la place, peu à peu, à des modèles plus simples. Les bois de lit sont souvent en cerisier.

Les berceaux comptent parmi les rares pièces qui révèlent un réel souci esthétique. Les plus simples sont montés sur des patins recourbés. D'autres, en forme de nacelles, reposent sur des pieds fixes.

Berceau en merisier, support en chêne. Creuse, XIXᵉ.

(Musée de Guéret. Photo Studio Agis.)

*Porte de placard avec son encadrement
chêne et cerisier.
Château de Longuechaud, début XVIIe.*

(Musée de Guéret. Photo Studio Agis.)

Musées

23. AUBUSSON
Musée du Vieux-Tapissier, rue Vieille.

19. BRIVE-LA-GAILLARDE
Musée Ernest Rupin, 15, rue du Docteur-Massénat.

87. CHÂTEAUPONSAC
Musée René Baubérot.

23. GUÉRET
Musée des pays marchois, place du Marché.

87. LIMOGES
Musée municipal, place de la Cathédrale.

19. TREIGNAC
Musée des arts et traditions de la Haute-Vézère,
Maison Marc-Sangnier.

19. USSEL
Musée du pays d'Ussel, rue Michelet.

*Lit-clos en chêne,
avec panneaux sculptés en cerisier.
La Chassagne, 1822.*

(Musée de Guéret. Photo Studio Agis.)

*Pendule d'angle,
fond en peuplier,
montants en châtaignier,
parties ouvragées
en cerisier. XVIIIᵉ.*

(Musée de Guéret. Photo Studio Agis.)

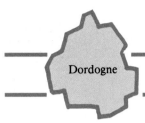

Dordogne

Le Périgord

Le seul nom de Périgord, «pays de gueule», évoque pour le voyageur truffes, foie gras, vins fins... Cette région se confond pratiquement avec les limites d'un seul département, celui de la Dordogne, deuxième de France, il est vrai, par sa superficie.

Petit par sa taille, le Périgord offre, cependant, une grande variété géographique. Au nord, le Nontronnais ou Périgord Vert jouxte le Limousin. La région de Périgueux, au sol calcaire, est appelée pour cette raison Périgord Blanc, tandis qu'au sud, le Périgord Noir, coupé par les vallées de la Dordogne et de la Lozère, tire son nom du feuillage foncé du chêne vert ou yeuse qui y pousse en abondance.

Ce pays affable où il fait bon vivre s'est développé de bonne heure. Partout s'élèvent châteaux et gentilhommières, demeures bourgeoises ou maisons paysannes harmonieuses. L'artisanat y a été florissant dès le Moyen Age.

Cossu et traditionnel, ainsi pourrait-on caractériser le mobilier périgourdin qui a connu son âge d'or au XVIIe siècle. A cette époque, les huchiers locaux font preuve d'un grand savoir-faire. Ils exécutent des pièces plutôt imposantes, robustes, presque solennelles mais toujours élégantes.

Cette production d'esprit Louis XIII et Louis XIV continue durant le XVIIIe siècle. Les meubles, toutefois, se font moins massifs et sont mieux adaptés à la vie quotidienne.

Le mobilier d'esprit Louis XV fera une apparition tardive mais sera transposé avec beaucoup d'intelligence et parfois d'originalité. Il faudra attendre le XIXe siècle pour qu'apparaisse, enfin, le style Louis XVI et paradoxalement une importante production de grands et beaux meubles, d'esprit XVIIe siècle, que ce pays de tradition, à l'écart des grandes voies de communication, a su ressusciter sans fadeur au moment où ils s'abatardissaient presque partout ailleurs.

Le mobilier du Périgord présente certaines analogies avec celui du Limousin, plus sobre et plus simple. Le Bordelais y a parfois laissé son empreinte, à l'opposé du Midi qui ne semble pas y avoir exercé d'influence notable.

La maison périgourdine

L'architecture périgourdine, même celle des maisons rurales, est extrêmement variée et les matériaux nombreux. Dans le Périgord Vert, on utilise volontiers le beau granit bleuté du cru, accompagné de toits en ardoise.

Dans le Périgord Blanc, les maisons sont en calcaire avec des toits de tuiles en léger auvent. Lorsque la pierre manque ou la famille est pauvre, le torchis et les colombages l'emportent.

Parfois trappue et ramassée, avec une toiture le plus souvent peu pentue en lauzes, la maison périgourdine s'intègre au paysage de façon harmonieuse. Les teintes des crépis, lorsqu'il y en a, sont douces et ne contrastent pas avec l'environnement. Si l'on cherche comme ailleurs à se protéger des vents dominants, l'implantation de la maison dépend aussi du point de vue qu'elle offre.

Il n'y a pas de plan type comme c'est souvent le cas ailleurs. Ici règne la variété. La maison périgourdine possède souvent deux pièces. La salle où l'on vit, avec son immense cheminée, est peu meublée : la table et les bancs, quelques sièges de foyer et la traditionnelle escabelle à sel. Dans l'autre pièce, lits, buffets et armoires complètent le mobilier. Attenante à la grande pièce, une souillarde avec un baquet pour la vaisselle.

Structure et décor

Le meuble périgourdin est presque toujours de vastes proportions. Les armoires, par exemple, peuvent dépasser deux mètres en hauteur et 60 cm en profondeur. Pour rompre l'uniformité des surfaces, le meuble est traité par panneaux entourés de fines moulures sur ses trois faces visibles. Les corniches sont saillantes et répétées à la base. Les pieds en «fromages» peuvent atteindre des tailles étonnantes, jusqu'à 50 cm de diamètre. On trouve aussi des pieds droits et carrés.

Le «Louis XIII» est la base de toute la décoration avec ses pointes de diamants traitées de différentes façons : en carrés, en losanges, en triangles, en croix de Malte ou de Saint-André.

La colonne torse, simple ou double, orne souvent les montants des lits, les armoires, les buffets, surmontés parfois de grappes de fruits ou de feuillages sculptés.

La ligne courbe Louis XV et les pieds en escargot sont parfois associés à une ornementation florale ou des rinceaux de feuillage.

Coffres

Le coffre a été de tout temps utilisé en Périgord. On y mettait aussi bien le linge et les vêtements que les provisions ou le grain et ce fut pendant longtemps le seul meuble de rangement.

Il servait aussi bien de siège et pouvait abriter la provision de sel de la maisonnée. Il était alors placé près de l'âtre.

La tradition du coffre de mariage a été vivace en Périgord. Certains modèles offrent une particularité curieuse : ils sont surmontés d'un panneau plat formant un rétable, souvent sculpté. On peut en voir quelques-uns au musée de Périgueux.

Armoires et bonnetières

Les armoires sont ici, on l'a vu, grandes et profondes. Contrairement à d'autres meubles de petite taille, elles sont donc restées sur place où l'on peut en voir de nombreux et beaux spécimens, le plus souvent d'esprit Louis XIII.

Corniches saillantes répétées à la base du meuble, ornementation en pointes de diamants et gros pieds ronds «en fromages» caractérisent l'armoire souvent encadrée de colonnes torses, parfois surmontées d'oiseaux, d'aigles ou de fleurs.

Ce meuble, auquel on attachait beaucoup d'importance, est parfois admirablement et richement sculpté. Les menuisiers locaux y apportaient tous leurs soins et leur génie inventif.

Aux côtés de l'armoire, la bonnetière est un meuble courant. On l'exécute de préférence dans des bois fruitiers aux teintes chaudes. Les proportions sont élégantes et le meuble soigné quoique de dimensions modestes puisqu'il servait à l'origine à ranger les coiffes que l'on posait sur des champignons de bois.

Lorsque la bonnetière ne possède qu'un seul vantail, le tiroir est placé à la base du meuble mais lorsqu'elle compte deux vantaux superposés, il est placé au milieu.

Buffets, bahuts et vaisseliers

Comme les armoires, les bahuts et les buffets sont de larges proportions avec des corniches saillantes dont le modèle est répété à la base du meuble.

Le buffet, lorsqu'il est à deux corps, est équipé d'un tiroir médian de profondeur identique. Le corps supérieur est parfois en léger retrait, ce qui donne au buffet une silhouette plus élancée. Comme sur les armoires, on retrouve les pointes de diamants, les colonnes torsadées et les pieds en «fromages».

Les buffets d'esprit Louis XV existent certes, mais sont beaucoup moins répandus.

Le buffet bas est un meuble courant, souvent moins orné. Certains modèles sont étirés, proches de l'enfilade; d'autres, au contraire, profonds et hauts, afin d'augmenter le volume de rangement.

Le vaisselier apparaît tardivement, au XVIIIe siècle. Il est assez sobre dans l'ensemble, sauf dans l'ouest de la région où, plus exubérant, il révèle l'influence de la Saintonge toute proche.

Tables

La table périgourdine, plutôt basse, généralement en noyer, est assez semblable à la table auvergnate avec un plateau épais reposant sur de larges pieds carrés. Comme en Auvergne, de nombreux modèles abritent une tourtière destinée à recevoir la miche de pain et plusieurs tiroirs plus petits.

On trouve également dans cette région, plutôt dans les intérieurs bourgeois, des tables plus petites, à entretoise, aux pieds tournés ou torsadés.

Sièges

Les sièges sont assez variés. Outre les bancs qui accompagnent la lourde table de ferme et ceux, plus petits, à dosseret, qui avec le banc à sel, se placent à proximité du foyer, on trouve à partir du XVIIIe siècle de nombreux sièges paillés de jonc ou de roseaux.

Dans les demeures nobles, dès le XVIIIe siècle, les artisans locaux ont exécuté, à l'imitation de leurs confrères parisiens, toutes sortes de fauteuils Louis XIII, à «os de mouton», recouverts de tissu, tandis que dans les intérieurs les plus simples trônait le fauteuil paillé. Le modèle le plus répandu possède un dossier un peu arrondi et des pieds légèrement incurvés vers l'extérieur.

Lits et berceaux

Le lit périgourdin est à colonnes, soit carrées, soit tournées ou torsadées, soutenant un ciel de lit et des courtines en percale à carreaux. Les lits sont souvent très hauts. Il n'y a pas, dans cette région, de lits clos mais de nombreux lits bateaux exécutés au XIXe siècle. Le lit s'est peu à peu simplifié. On a gardé les colonnes alors que le ciel de lit disparaissait; elles sont alors d'inégale hauteur, plus courtes au pied qu'au chevet.

Les berceaux, en noyer poli, sont fonctionnels et reposent sur des patins courbes qui permettent le balancement. Les formes sont nombreuses et le meuble, exécuté avec soin, offre souvent d'harmonieuses proportions.

Pétrins, commodes, fontaines et horloges

Le pétrin du Périgord n'est pas un meuble strictement utilitaire. Il est parfois joliment décoré. On se servait du plateau comme d'une table. La partie trapézoïdale était réservée à la pâte et la partie basse était munie, parfois, d'un tiroir à sel ou à levain.

La commode, peu fréquente, reste un meuble bourgeois. On trouve aussi des modèles importés de Bordeaux ou de Paris, ou copiés avec bonheur par les artisans locaux.

Les fontaines en faïence ou en cuivre sont largement répandues dans les maisons paysannes. Elles sont posées sur un bâti soigné, formant coffre.

Les intérieurs périgourdins possèdent de nombreuses horloges en bois ciré, parfois peint. Les boîtes sont droites d'esprit Louis XIII ou violonées de style Louis XV.

Bois et ferrures

Le noyer, à la belle teinte blonde, est largement utilisé, de même que les bois fruitiers brun-rouge, notamment le merisier et le poirier. Pour le bâti, on se sert parfois du peuplier et pour les sièges, du hêtre qui se tourne aisément. L'orme et la loupe d'orme permettent d'agréables compositions. Le chêne n'y a pas l'importance qu'on lui donne dans d'autres régions et les bois exotiques sont pratiquement absents.

Les menuisiers périgourdins, qui travaillent à domicile, avaient l'habitude de lisser et de polir le bois avec grand soin, donnant aux meubles de cette région une patine inégalable.

Le fer forgé agrémente la plupart des meubles. Les gonds fort longs, occupent toute la longueur des vantaux. Les entrées de serrures et les fiches, par contre, sont assez discrètes mais toujours bien découpées, et souvent très finement ciselées sur armoires et bonnetières.

Certaines serrures enfin, notamment sur les coffres, sont d'une grande ingéniosité et quelquefois fort complexes.

Pétrin à tiroir. Noyer. XVIIIe siècle.
L'auge à pétrir repose sur un bâti
porté par quatre pieds de section carrée.
Petit tiroir pour le sel.

(Château de Monbazillac. Photo Ed. P. Fanlac.)

336

Grande armoire. Noyer. XVIIe siècle.
Gros pieds-fromages.
Deux portes ornées chacune de quatre panneaux.
Très importante corniche
admirablement traitée et moulurée.

(Château de Monbazillac. Photo Ed. P. Fanlac.)

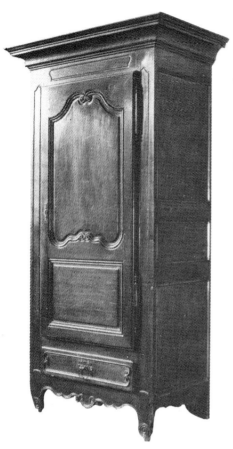

Bonnetière. Noyer. XVIIe siècle.
Pieds sculptés d'enroulements, reliés par une traverse découp
de style Louis XIV.
Porte à deux panneaux, l'un rectangulaire, l'autre
d'un joli mouvement Louis XV.

(Château de Monbazillac. Photo Ed. P. Fanlac.)

Buffet étroit à deux corps. Noyer. XVIIe siècle.
Le corps du bas a une porte sculptée d'une croix de Malte
entre les branches de laquelle sont logés des triangles.
Tiroir au-dessus, à deux boutons.
Corps du haut : tiroir inférieur à deux boutons.
Côtés panneautés en pointes de diamant.

(Creyssac, coll. J.L. Photo Ed. P. Fanlac.)

*Scriban en noyer,
corps du bas formant commode.
XVIIIe.*

(Doc. Étude Le Blanc, Paris.)

*Armoire à deux portes pointes de diamants,
tiroir à la base, reposant sur des pieds boules.
Corniche largement débordante.*

(Musée de Mussidan. Photo J. Verroust.)

Armoire à panneaux losangés,
deux tiroirs à la base.

(Musée de Mussidan. Photo J. Verroust.)

341

Siège «bonne femme»,
paillé, à bras reculés.

(Musée de Mussidan. Photo J. Verroust.)

Fauteuil à sel en bois naturel.

(Musée de Mussidan. Photo J. Verroust.)

Horloge de forme violonée avec découpe
permettant de voir la totalité du balancier.

(Musée de Mussidan. Photo J. Verroust.)

Musées

24. DOMME

Musée Paul Reclus, place de la Halle.

24. MUSSIDAN

Musée des arts et traditions populaires du Périgord,
Docteur André Voulgre, 2, rue Raoul-Grassin.

24. SAINT-PRIVAT-DES-PRÉS

Musée de l'outil et de la vie au village.

24. VARAIGNES

Musée des arts et traditions populaires et du tissage, Château de Varaignes.

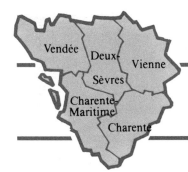

La côte Atlantique
Vendée, Aunis, Poitou, Saintonge

Chabichoux du Poitou, Ventrachoux de Vendée, Cagouillards charentais ou Gilets rouges de Saintonge, les habitants de ces régions de l'ouest ont en commun la présence de l'Océan, des marais et des dunes en bordure de mer, une terre généreuse et riche à l'intérieur.

Le Poitou s'étend sur les départements de la Vendée, des Deux-Sèvres et de la Vienne, l'Angoûmois sur ceux de la Charente et de la Charente-Maritime.

Une agriculture, le plus souvent prospère, a favorisé le développement de ces contrées. Cet épanouissement a permis l'élaboration de meubles rustiques, harmonieux et gais. Si le voisinage de la Bretagne se fait sentir en Vendée, dans les marais le mobilier est marqué par les Hollandais venus les assécher sous le règne de Henri IV. Au sud, en Saintonge, il est influencé par le Bordelais limitrophe mais aussi par l'ébénisterie parisienne, notamment pour les meubles marquetés du début du XIXᵉ siècle. Enfin, cloutage et ferronnerie, présents sur quelques meubles, ne sont pas sans rappeler l'Espagne.

La Vendée et les régions maraîchines

En Vendée et dans les régions maraîchines, la maison nommée «bourrine» ou «hutte» est la plupart du temps de très petite taille, trapue, comme tapie sur le sol pour se mettre à l'abri des vents d'ouest. Les ouvertures sont exiguës et peu nombreuses. Dans certaines régions inondables toutefois, la demeure est construite sur deux niveaux, l'un pour l'été, l'autre pour l'hiver lorsque la terre est submergée.

Les habitations maraîchines sont en argile ou en terre, blanchies à la chaux avec un toit en tuiles ou recouvert de roseaux : les «rouches».

La maison maraîchine

Elle ne comprend qu'une ou deux pièces, jamais de couloir. Lorsqu'il n'y a qu'une seule pièce, celle-ci est parfois séparée en deux à l'aide de deux armoires et d'un bahut afin de ménager un peu d'intimité. La pièce ainsi improvisée est alors utilisée comme chambre. Les lits à quenouilles, très hauts, en cerisier, parfois en chêne, souvent dépourvus de tentures, encadrent la cheminée. Ils sont accompagnés de bancs coffres servant de marchepieds. Au centre de la pièce, une table rectangulaire avec des bancs. Un pétrin, un homme-debout, éventuellement une horloge complètent le mobilier traditionnel. On adopte la même disposition dans la seconde pièce, généralement ajoutée lorsque la famille s'agrandit : les meubles y sont d'ordinaire plus récents.

Structure

Le mobilier vendéen et maraîchin est habituellement peu volumineux, à l'exception des armoires qui se doivent d'être spacieuses puisque les murs, en argile, ne permettent pas l'agencement de placards.

On distingue deux structures principales : celle d'esprit Louis XIII, aux lignes droites, un peu massives, avec des motifs géométriques. Les meubles reposent alors sur des pieds boules en raves ou en miches qui rappellent ceux que l'on trouve en Bourgogne.

Dans le mobilier d'esprit Louis XV, la ligne courbe et la ligne droite se combinent dans un même meuble : le bas chantourné et le haut droit. Les corniches, peu importantes, sont souvent plates ou à peine cam-brées, avec des moulures peu accentuées. Ce style s'est conservé jusqu'à la fin du XIXe siècle ; le Louis XVI n' a exercé que peu d'influence.

Motifs décoratifs

Les meubles d'inspiration Louis XIII, les plus anciens, portent des décors géométriques. Ce sont des pointes de diamants, des motifs losangés, des croix de Malte ou de Saint-André. Les motifs discoïdaux, en «gâteaux», à cercles concentriques, sont très répandus en Vendée, inspirés de la Bretagne proche.

Les décors figuratifs ornent les meubles d'inspiration Louis XV et présentent un aspect plus riant. L'ornementation est sobre, harmonieuse, rarement exubérante : fleurs de lys et marguerites, têtes d'ange, oiseaux... parfois associés à des motifs abstraits comme la rosace ou l'éventail.

La marqueterie est rarement utilisée et la plupart du temps de façon fort simple et naïve. La cannelure, d'inspiration Louis XVI, apparaît sur les armoires au début du XIXe siècle.

Coffres

En raison du grand nombre d'armoires et de bonnetières, les coffres sont relativement rares. La structure en est soignée mais la décoration assez simple. Le coffre marchepied des régions maraîchines est plus allongé, avec une ornementation de losanges ou de rosaces assortie à celle du lit.

Armoires, hommes-debout et bonnetières

En Vendée et dans les régions maraîchines, l'armoire est très répandue en raison de l'absence de placards. C'est moins vrai dans le bocage où les maisons sont souvent construites en pierre.

On trouve principalement deux types d'armoires. Celle de style Louis XIII est robuste, plutôt volumineuse, reposant sur des pieds tournés en miches ou en raves, avec une corniche assez développée et ornée de denticules. Le décor est géométrique avec pointes de diamants, croix de Saint-André, ou alors à «gâteaux», comme en Basse-Bretagne. Le bois utilisé d'ordinaire est le noyer.

Toute autre est l'armoire d'esprit Louis XV, en cerisier ou merisier. Plus petite et plus fine, elle adopte souvent la ligne droite et sa corniche n'est pas nécessairement cambrée. Posée sur des pieds enroulés en escargots ou joliment galbés, elle est ornée de motifs naïfs : fleurs, feuillages, étoiles...

Petite armoire à une porte ou demi-armoire, l'homme-debout se distingue de la bonnetière par son étroitesse. On le confond, parfois, avec le cabinet dont il se différencie par l'absence de tiroir médian.

La bonnetière est relativement large et peu haute. En Vendée, elle est assez simple. Dans les maisons pauvres, elle est réduite à une simple boîte en cerisier vernis.

Buffets et vaisseliers

On note, dans ces régions, une très grande variété de buffets. La diversité des formes parfois déconcertante en rend l'analyse difficile. Le buffet est d'ordinaire un meuble soigné, à deux portes surmontées de tiroirs.

Les buffets deux corps d'esprit Louis XIII, à deux vantaux égaux et ornementation géométrique sont en chêne ou en noyer. Ceux d'esprit Louis XV, en bois fruitier, se distinguent par un corps en retrait.

Le vaisselier maraîchin, fort répandu, est assez sobre, formé d'un bas à deux portes, surmonté d'étagères pour les assiettes. Clouté de cuivre, il est d'une ornementation assez rudimentaire.

Tables et huches

La table est longue et massive, en chêne, quelquefois en ormeau dans le bocage. Classique, d'esprit Louis XIII, elle possède des pieds carrés ou tournés et un entrejambe en H. Elle bascule parfois sur un tiers de sa longueur, dégageant une cavité destinée au pain et à la «touaille» ou nappe.

La table huche avec son corps plein ne permet pas de loger les pieds. On y pose la nourriture et l'on garde alors l'assiette sur les genoux. Les tables sont toutes très simples, aux formes répétitives, quasi figées.

Sièges

Typique de la Vendée et des marais, le tabouret en jonc est placé près de l'âtre et réservé à la maîtresse du lieu. Il accompagne la chaise à sel, située également au voisinage du foyer.

D'ordinaire, deux bancs robustes et massifs flanquent la table.

Les sièges paillés ne diffèrent guère de ceux que l'on voit dans les autres provinces françaises. Le modèle le plus classique est «à la capucine» avec un piétement tourné et des montants «à bras reculés» : accoudoirs en retrait par rapport au fond du siège.

Généralement en cerisier, foncée de jonc, la chaise est restée longtemps l'apanage des paysans aisés et des bourgeois.

Lits et berceaux

Le lit à quenouilles est le modèle le plus fréquemment rencontré. Dans les demeures modestes, les tentures sont rares et lorsqu'elles existent, ces courtines sont très enveloppantes. Le lit vendéen est particulièrement haut perché, accompagné d'un coffre marchepied. Cette particularité permet de se préserver de l'humidité qui envahit le sol des «bourrines» en hiver. Le berceau ou «ber» est extrêmement rudimentaire. C'est une caisse en bois, très simple, parfois posée sur un support indépendant. On trouve aussi des berceaux en osier.

Pétrins, maies, archelles...

Les pétrins sont essentiellement utilitaires, très sobres et pratiquement exécutés sans souci décoratif.

Les maies sont beaucoup plus soignées. Un modèle en forme de commode à faux tiroir, particulier à la Vendée, est assez curieux.

L'«archelle», tablette-console, en applique, équipée de crochets pour les couverts, est originaire des Flandres. Le modèle en fut importé par les Hollandais venus assécher les marais. Elle est très soignée et constitue un élément décoratif de l'intérieur vendéen. La «boîte à Bonne Vierge» est une sorte de petite vitrine chapelle, parfois très ouvragée. L'égouttoir, sorte de caissette à claire-voie est présent dans presque tous les intérieurs.

La facture des boîtiers d'horloges est sobre mais élégante. Les horloges viennent le plus souvent des régions de l'est de la France. On les place, d'ordinaire, près de la cheminée ou du lit.

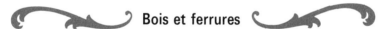

Maie à tiroirs en noyer, XIXe.

(Musées municipaux, Poitiers.)

Bois et ferrures

Comme toujours, on utilise les essences locales. En Vendée, les bois fruitiers dominent avec une large utilisation du cerisier et du merisier, plus rarement du poirier. Le noyer est abondant dans le bocage. Quant au chêne, il est réservé aux meubles exposés à l'humidité, notamment aux coffres à sel. Il n'est pas rare d'utiliser deux essences dans un même meuble, soit par souci décoratif afin de mettre en valeur des oppositions de couleurs, soit par commodité. La façade est alors exécutée dans le meilleur matériau tandis que le bâti et les côtés, plus rudimentaires, sont faits d'une essence plus commune.

Les ferrures des régions maraîchines sont de fort belle qualité, importantes et finement ciselées. Elles augmentent en taille et raffinement avec l'apparition du mobilier Louis XV et forment, parfois, une véritable dentelle sur les bonnetières et les armoires. Elles se terminent en tête de coq ou en fleur de lys.

Dans les terres basses et dans les îles, le métal est pointillé en un décor gravé, représentant des fleurs ou des coquilles.

Le cuivre est largement utilisé dans les régions maraîchines car il ne rouille pas au contact de l'air marin. De plus, l'association d'une note dorée sur un bois de teinte brun rouge comme le cerisier est particulièrement harmonieuse et donne beaucoup de gaieté aux meubles de ces régions.

Dans le bocage au contraire, on utilisera plus volontiers le fer ou l'acier mais la découpe reste toujours aussi raffinée et la dimension des entrées et des fiches aussi importante.

Le bocage, l'Aunis et la Saintonge

Les demeures y sont dans l'ensemble plus spacieuses que dans les régions de marais et comprennent souvent deux pièces. Les murs sont en torchis, quelquefois en pierre. La maison est basse avec des murs blancs ou ocre et un toit de tuiles creuses débordant en auvent. Elle dispose quelquefois d'un grenier servant de chambre. Les ouvertures sont petites et peu nombreuses.

La maison paysanne

La salle commune, plus vaste qu'en Vendée, prend le nom de «place». Les meubles y sont beaucoup moins entassés. La seconde pièce, même lorsqu'elle est utilisée comme chambre, est une répétition de la première, avec le même type de mobilier. Il y a donc un buffet, un vaisselier, tout comme dans la «place», seule manquent les ustensiles de cuisine. Ainsi la distinction n'est pas clairement établie entre les meubles destinés à la préparation des repas et ceux affectés au rangement du linge.

Structure

Les meubles sont dans l'ensemble plus volumineux que dans les régions maraîchines. Plus massifs, en Aunis, plus fins en Saintonge, ils font preuve, dans tous les cas, de beaucoup plus de légèreté et de fantaisie. Le mobilier est très marqué par les grands styles du XVIIIe siècle, adoptés tardivement. Ce qui explique l'association, sur un même meuble, du Louis XV et du Louis XVI.

La partie supérieure des meubles de Saintonge présente une corniche très largement débordante et les armoires ou bonnetières sont presque toujours munies, à la base, d'un tiroir qui n'existe pas dans les modèles vendéens. Enfin, les pieds galbés ou enroulés sont plus fréquents que les pieds tournés.

Motifs décoratifs

Les décors géométriques sont aussi largement utilisés dans ces régions. Mais si, en Aunis, le meuble, fortement charpenté, peu sculpté, n'est jamais marqueté, il n'en va pas de même en Saintonge où, dès la fin du XVIIIe siècle, des artisans habiles, parfois des moines-artisans travaillant dans leurs abbayes, développent des décors contrastés utilisant plusieurs bois. On commence, d'abord, par incruster des motifs simples : rosaces ou étoiles, puis les thèmes deviennent plus élaborés et plus variés : soupière symbolisant la vie familiale, bouquets de feuilles ou guirlandes de fleurs. Enfin, et c'est l'apogée de cette technique au début du XIXe siècle, apparaissent des paysages d'une grande finesse, exécutés avec fraîcheur, naïveté et un grand sens des couleurs.

Dans cette région largement ouverte au protestantisme, l'appartenance religieuse est affichée par deux motifs différents : l'étoile pour les catholiques, la rose des vents pour les protestants.

Sur certains meubles, la marqueterie et la sculpture sont toutes deux utilisées. Enfin, un motif caractéristique en forme de toupies renversées orne le haut des buffets-vaisseliers en Aunis comme en Saintonge.

Coffres

L'influence hispanique est décelable sur certains coffres de la région saintongeaise, parfois recouverts de cuir et superbement cloutés.

Armoires et bonnetières

L'armoire est en Saintonge un meuble réservé aux paysans prospères alors que la bonnetière, très typique, est présente dans presque tous les intérieurs. Toutes deux sont soignées avec des corniches plates ou chantournées, parfois en «chapeau de gendarme». Elles sont souvent munies d'un large tiroir à la base. L'armoire est alors parfois construite en deux parties superposées et emboîtées.

Buffets et vaisseliers

Outre les classiques buffets bas, présents dans toute la région, on trouve, en Saintonge, des buffets enfilades, à trois, quatre ou même parfois, cinq portes. Certains sont disposés comme deux buffets bas accolés, avec des vantaux associés de façon symétrique.

Le vaisselier saintongeais, s'il adopte la structure du meuble de la Vendée et de l'Aunis, s'en dégage par une ornementation plus recherchée. Très abondants dans toutes les demeures, les vaisseliers sont particulièrement soignés, parfois marquetés et possèdent de belles ferrures. Ils sont presque toujours décorés d'un motif caractéristique – une toupie à l'envers – situé sous la corniche.

Tables et sièges

Outre les grandes tables de ferme, identiques à celles des régions vendéenne et maraîchine, les intérieurs du sud du Poitou et de la Saintonge abritent quantité de petites tables volantes pleines de charme et de fantaisie.

Les fauteuils «bonne femme» et les chaises paillées ne présentent aucun caractère particulier.

Lits

Les lits saintongeais présentent des formes plus variées que les lits vendéens. Outre le lit à quenouilles, ici largement enveloppé de courtines descendant jusqu'à terre, on trouve des lits «à la duchesse» réservés aux gens aisés.

Encoignures, commodes et bureaux

Meuble d'origine bourgeoise, l'encoignure s'est largement répandue en Saintonge où l'on a exécuté de fort jolis modèles. On note deux sortes d'encoignures : soit un seul corps, à hauteur d'appui, soit à deux corps : un bas surmonté d'une étagère à gradins.

La commode reste un meuble rare, peu typique, réservé aux familles aisées. Par contre, le bureau, pratiquement inexistant dans les terres maraîchines, est assez bien représenté en Saintonge. Il est le plus souvent d'esprit Louis XV.

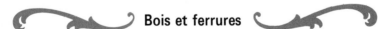

*Petite commode-bureau galbée, en noyer,
travail angoumois, Époque Louis XV.*

(Doc. Étude Génin, Leseuil, Rambert, Lyon.)

Bois et ferrures

Le mobilier de l'Aunis, plus sobre, est souvent construit en chêne. Plus délié, celui de la Saintonge est marqué par le mélange de plusieurs essences. Le cerisier est associé au noyer ou à la loupe d'orme ou de frêne (bois très durs et très veinés que produisent les moignons d'arbres étêtés). L'artisan peut alors jouer sur les couleurs, utilisant tour à tour le brun rouge du cerisier et le bois couleur de miel, moucheté de brun, de la loupe.

Enfin, par la mer, notamment à La Rochelle, arrivent des bois exotiques dont l'acajou. On en fera un large usage tandis que le citronnier sera utilisé quelquefois pour la marqueterie.

Comme en Vendée, les ferrures sont un élément ornemental très important. Plus sobres en Aunis, pleines de fantaisie et de finesse en Saintonge, les ferrures sont extrêmement soignées. On utilise le plus souvent le fer, venu du centre normand de Villedieu-les-Poêles, sauf aux abords de la Vendée où le cuivre domine encore.

Les ciselures sont importantes et fines et prennent de nombreuses formes : fleurs de lys, trèfles, têtes de coqs, cœurs.

*Armoire fin XVIIIᵉ en noyer d'inspiration Louis XV
à décor de volutes et d'une coquille.*

(Musée du Donjon, Niort. Photo B. Renaud.)

Buffet vendéen en merisier. XIXᵉ.

(Doc. Étude Savot, Orléans.)

*Armoire poitevine de mariage, orme et noyer.
Région de Saint-Maixent, fin XVIIIᵉ - début XIXᵉ.*

(Musée du Donjon, Niort. Photo B. Renaud.)

Cabinet vendéen en merisier,
orné d'inscrustations
dessinant des motifs d'étoile et un losange.

(Doc. Étude Raynaud, La Rochelle.)

Cabinet en bois naturel
mouluré et sculpté de décor floral stylisé,
lyre et éventail,
marqué de deux initiales « P.G. ».

(Doc. Étude Vergnault, Parthenay.)

Buffet vaisselier à décor de toupies renversées.
Pays Mellois, XIXe.

(Musée du Donjon, Niort. Photo B. Renaud.)

*Bonnetière en merisier à une porte.
Travail des Deux-Sèvres, XIXe.*

(Musée du Donjon, Niort. Photo B. Renaud.)

Musées

79. AIRVAULT

Abbaye-Musée, rue de la Gendarmerie.

79. BRESSUIRE

Musée municipal, place de l'Hôtel-de-Ville.

86. CHAUVIGNY

Musée archéologique et folklorique,
place du Vieux-Marché.

16. COGNAC

Musée du Cognac, boulevard Denfert-Rochereau.

85. FONTENAY-LE-COMTE

Musée vendéen, place du 137^e^
Régiment d'infanterie.

17. GRANDJEAN

Musée de la Tour-de-Biracq.

85. LA BARRE-DE-MONTS

Centre de découverte du Marais breton
vendéen, Le Daviaud.

85. LA GUÉRINIÈRE

Musée des arts et traditions, Ile de Noirmoutier.

17. LE GRAND VILLAGE-PLAGE

Maison paysanne oléronaise.

85. LES ÉPESSES

Écomusée départemental de Vendée,
Château du Puy-du-Fou.

79. NIORT

Musée ethnographique du Donjon, place du Donjon.

17. SAINT-CÉSAIRE

Musée de la Mérine, Les Bujoliers.

17. SAINTES

Musée d'art régional Dupuy-Mestreau,
hôtel Monconseil, 4, rue Monconseil.

17. SAINT-PIERRE-D'OLÉRON

Musée oléronais Aliénor d'Aquitaine,
25, rue Pierre-Loti.

16. SALLES-D'ANGLES

Musée, Le Bourg.

85. SOULLANS

Musée Milcendeau-Jean Yole, Le Bois-Durand.

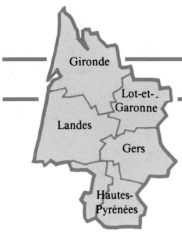

Gironde

Lot-et-
Garonne

Landes

Gers

Hautes-
Pyrénées

Le Sud-Ouest

«Je donne la France au Béarn et non le Béarn à la France» déclarait Henri IV «Lou nouste Henric». Malgré cette belle proclamation, l'avènement du Béarnais au trône de France a entraîné, de bonne heure, des relations avec Paris et a permis aux meubles de la capitale d'entrer dans les gentilhommières locales.

Au contraire des Basques qui restent sur leurs terres, la noblesse béarnaise part volontiers prendre service à la Cour et cela n'est pas sans conséquences sur le mobilier.

Traversé par les gaves de Pau et d'Oloron, le Béarn couvre les deux tiers du département des Pyrénées-Atlantiques. L'expression artistique y est moins homogène qu'au Pays Basque et les motifs d'ornementation offrent une plus grande diversité, correspondant aux trois grands centres de production : Salies de Béarn, Morlaas, Orthez.

Le mobilier béarnais a aussi comme l'architecture, subi l'influence mozarabe, perceptible du reste jusqu'en Gascogne : répétition de certains motifs comme les méplats, emploi de motifs géométriques et de l'arabesque.

La ferme béarnaise

La maison béarnaise est d'aspect plus sévère que la demeure basque. Le toit est plus pentu. Dans les endroits où la pierre est abondante, on construit à l'aide de gros moellons. On emploie aussi des galets roulés et polis par les gaves. Ils sont alors disposés de façon symétrique, en arêtes de poisson et donnent à la ferme béarnaise un caractère très particulier.

Différente dans son aspect extérieur, la maison béarnaise adopte le même plan que sa voisine basque : une salle commune avec un espace cuisine, l'évier placé dans une niche. A part le «züzulu», le banc du chef de famille, inconnu au pays béarnais, les meubles sont sensiblement les mêmes. Cependant, alors que la salle basque ne comporte presque jamais de lit, celui-ci apparaît dans la pièce commune du Béarn. Il est alors placé dans un angle et garni d'un ciel de lit.

Structure et décor

Largement inspiré des styles Louis XIII et Louis XIV mais aussi influencé par le Louis XV, notamment dans la région de Salies, le meuble béarnais présente plusieurs types de structures. Totalement rectiligne sur certaines pièces, la ligne s'incurve sur d'autres et les deux procédés sont parfois réunis au sein d'un même meuble : le haut droit semble posé sur une base galbée.

Le décor a été largement inspiré par les styles du XVIIe siècle. La pointe de diamant, motif pratiquement inconnu au Pays Basque, est ici souvent utilisée et caractérise l'école d'Orthez. L'école de Morlaas offre des motifs de quadrilobes.

On trouve fréquemment les motifs discoïdaux dits «en cul de bouteille», présents aussi sur les meubles basques. Sont également utilisés la marguerite, la croix de Malte associée ou non à la fleur de lys, le cœur transpercé.

Coffres

Le coffre appelé en Béarn «arque» ou «arca» est, comme dans beaucoup d'autres régions, un meuble fondamental. L'un des plus anciens se trouve au musée de Pau. Le coffre béarnais est décoré de façon soignée, avec des motifs stylisés. Dans les vallées d'Aspe et d'Ossau, on a emprunté aux répertoires médiéval et religieux; les symboles religieux y sont particulièrement abondants.

Armoires

L'armoire est plus anciennement répandue en Béarn qu'au Pays Basque. Il en existe de deux sortes : les modèles d'inspiration Louis XIII et Louis XIV, rectilignes. Cependant, vers la fin du XVIIIe siècle apparaissent des modèles mixtes, plus légers, utilisant la ligne courbe. Ces armoires, d'esprit Louis XV, possèdent alors un corps droit posé sur un soubassement galbé.

Buffets, bahuts, vaisseliers

Nombreux en Béarn, ils s'apparentent souvent à ceux des autres provinces, sauf que l'on ne trouve guère les classiques modèles Louis XV. Les buffets et bahuts affectent des formes très variées : à deux ou trois portes, équipés ou non d'étagères. La décoration, sauf exception, est assez fruste. En pays béarnais, l'égouttoir est beaucoup plus répandu que le vaisselier.

Tables

Deux tréteaux, les «estausets», supportant un plateau, telle se présente, pendant longtemps, la table béarnaise. Plus tard viennent des modèles très proches des tables basques, inspirés parfois aussi des modèles espagnols.

Sièges

Placé près de la table ou près de l'âtre, le banc témoigne de l'influence espagnole sur de nombreux modèles : motifs d'arabesques en forme particulièrement allongée. Les sièges paillés, avec leurs dossiers assez hauts, présentent peu de caractère. Par contre, dans les hautes vallées béarnaises, on trouve des escabeaux et des tabourets en bois d'une facture assez particulière : une selle, très simple, formée d'un fond de siège et de quatre pieds auxquels on a ajouté une planche oblique formant dosseret. C'est le siège qu'utilisent les paysannes pour traire ou pour filer. On trouve aussi une rondelle de tronc d'arbre, pourvue de pieds, agrandie au plan horizontal par une avancée munie d'une traverse.

Lits et berceaux

Plus décoré que le lit basque, le lit béarnais possède souvent un ciel de lit «à la duchesse» ou «à l'ange», témoignant de l'influence parisienne. Il est en chêne ou en noyer. Les berceaux sont soignés et peu évasés.

Autres meubles

On compte, en Béarn, peu de petits meubles à l'exception de quelques tables. La commode est peu répandue, la région restant fidèle au coffre. Le bureau n'est utilisé que dans les demeures bourgeoises. Les horloges, par contre, sont plus nombreuses que dans la province voisine, souvent sobrement décorées. La gaine s'orne parfois de scènes naïves peintes en polychromie.

 **Bois et ferrures**

Les bois les plus couramment employés sont le chêne et le noyer. Dans la partie septentrionale, touchant les Landes, on utilise aussi le pin.

Enfin, les ferrures n'y sont pas plus importantes qu'au Pays Basque, sobres et fonctionnelles.

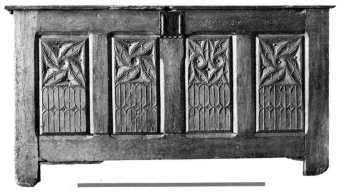

*Coffre ou «arque» en châtaignier clair.
Vallée d'Ossau, XVIe.*

(Musée Béarnais, Pau.)

 **Les Landes**

Terre plate, marécageuse dans sa plus grande partie et fort peu hospitalière, la région landaise est restée peu peuplée jusqu'à ce que l'on entreprenne, à la fin du XVIIIe siècle, des plantations de pins pour fixer le sable envahissant.

Les pèlerins, sur la route de Saint-Jacques-de-Compostelle, appréhendaient fort la traversée des Landes réputée dangereuse.

Le mobilier en pin, essence locale par excellence, y est dans l'ensemble très fruste. Il est un peu plus élaboré toutefois dans la partie sud proche de l'Adour, où la terre plus riche a permis un développement agricole plus rapide et où l'on utilise aussi d'autres essences : le châtaignier, le cerisier et parfois le chêne.

Le pin, bois tendre, se prête mal à la sculpture. Aussi, les artisans locaux ont-ils volontiers adopté la ligne droite Louis XVI de préférence à la ligne courbe Louis XV.

La sculpture est donc plutôt pauvre, de faible relief, tandis que la marqueterie, même simple, fait preuve d'une certaine élégance avec une ornementation inspirée de la nature : la palombe y côtoie la fleur, surtout la tulipe. Dans les motifs géométriques, on retrouve fréquemment les damiers et les étoiles.

Certains meubles landais sont peints de couleurs assez foncées : bleu tirant sur le vert ou lie de vin.

Le vaisselier landais, particulièrement typique, est composé d'étagères dans la partie basse et d'un placard ouvrant à deux portes dans la partie haute.

*Armoire à deux tiroirs médians, bois naturel sculpté,
décor de croix avec cœur central
et croix de Malte sur les panneaux du bas,
frise d'animaux stylisés en corniche,
vagues et lyres sur les tiroirs.
École de Morlaas. XVIII*^e*.*

(Doc. Étude Adam, Tarbes.)

Très beau spécimen d'armoire typiquement béarnaise.
École de Morlaas, 1768.
Les fleurs de lys ont été supprimées à la Révolution.

(Musée Béarnais, Pau.)

Meuble à deux corps
corps supérieur en retrait. XVIIe.

(Musée des Jacobins, Auch, Photo Bordaz.)

Bonnetière en bois naturel sculpté, tiroir médian, décor d'une croix de Malte sur le panneau supérieur, corniche à décor d'une frise stylisée. École de Morlaas. XVIIIe.

(Doc. Étude Adam, Tarbes.)

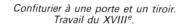

Confiturier à une porte et un tiroir. Travail du XVIIIe.

(Musée Béarnais, Pau.)

*Scriban au corps du bas formant commode
en bois fruitier mouluré et sculpté.
Travail bordelais d'inspiration Louis XV. XVIIIe.*

(Doc. Étude Vergne, Jean Dit Cazaux, Dubern, Bordeaux.)

Le Bordelais

Région de vignobles, ayant tôt connu un développement économique et commercial, le Bordelais, qui compte de nombreux viticulteurs aisés gravitant autour de châteaux et de grandes maisons bourgeoises, a subi diverses influences. L'ébénisterie parisienne tout d'abord, introduite par les gens riches qui se fournissent à Paris. Une fois sur place, ces belles pièces ont marqué largement les artisans locaux au XVIIIe siècle.

Le Midi languedocien ensuite, avec des meubles élégants, de type Louis XIII, parfaitement équilibrés dans leur construction géométrique et ornés de sculptures en pointes de diamants.

Lorsqu'au XVIIIe siècle les ébénistes s'essayent à la marqueterie, leurs motifs d'inspiration s'écartent de ceux de leurs confrères de Saintonge. Alors que ces derniers, on l'a vu, adoptent volontiers les guirlandes et les fleurs, les artisans du Bordelais vont reprendre les motifs déjà utilisés pour la sculpture, notamment la croix de Malte, très largement répandues, et d'autres motifs géométriques.

Si le noyer, le châtaignier et parfois le pin sont parmi les bois les plus employés, il ne faut pas oublier les bois exotiques. Les meubles en acajou massif, dits «meubles de port» ont fait la réputation de Bordeaux. Autrefois, l'acajou servant de bois d'arrimage, jeté par-dessus bord à l'arrivée, était de peu de prix. Cette essence est à l'origine d'une production très soignée, aujourd'hui très appréciée.

Certains meubles étaient l'œuvre des charpentiers de marine et présentent des panneaux dont l'envers est lisse, ce qui les rend facilement repérables.

Armoire en acajou moucheté de Cuba,
décor mouluré, cannelures sur le dormant. XVIIIe.

(Doc. Étude Sadde, Dijon.)

Armoire en acajou, XVIIIᵉ.

(Doc. Étude Oger et Dumont.)

Commode en acajou à trois rangs de tiroirs.

(Doc. Étude Saint-Gal, Douillard, Nantes.)

Musées

33. BORDEAUX

Musée d'Aquitaine, jardin de la Mairie,
20, cours d'Albret.

Musée des Arts Décoratifs, hôtel de Lalande,
39, rue Bouffard.

33. CARCANS

Maison des arts et traditions populaires de la Lande médocaine, Base de Bombannes.

33. LORMONT

Musée des Amis du Vieux Lormont,
1, rue de la République.

40. MARQUÈZE

Écomusée de la Grande-Lande.

40. SAMADET

Musée de la Faïencerie, rue de l'Église.

32. AUCH

Musée des Jacobins, 4, place Louis-Blanc.

65. AUCUN

Musée du Lavedan.

65. BAGNÈRES-DE-BIGORRE

Musée du Vieux-Moulin, rue du Hount-Blanque.

65. LOURDES

Musée pyrénéen, Château-Fort.

82. MOISSAC

Musée moissagais, 4, rue de l'Abbaye.

82. MONTAUBAN

Musée du Terroir, place Antoine-Bourdelle.

64. PAU

Musée béarnais, 2, rue du Château.

Le Pays Basque

Une énigme linguistique et une origine sur laquelle les savants ne sont pas toujours d'accord – les Basques seraient les derniers descendants des Ibères, refoulés dans les Pyrénées par les invasions successives – font planer sur ce pays un air de mystère. Le Pays Basque est, aujourd'hui encore, une province au particularisme très accentué.

On a souvent opposé la richesse du mobilier basque espagnol à la soi-disant pauvreté de celui du Pays Basque français. Province riche, avec plusieurs grandes métropoles, la partie espagnole a connu, en effet, un développement important. Le mobilier, très élaboré, y a perdu, en raison des influences hispano-arabes très fortes, une partie de son caractère original. Le côté français, sans grande ville, largement montagneux et plus pauvre, a conservé, surtout dans sa partie centrale, un mobilier plus pur. Les influences extérieures ne doivent cependant pas être sous-estimées : le pays, sur le chemin de Saint-Jacques-de-Compostelle, voyait affluer chaque année les «Jacquets» ou «Jacots» dans les nombreuses auberges monastiques qui jalonnaient la route du pèlerinage.

Le Pays Basque français comprend trois parties : le Labourd, la Basse-Navarre et la Soule. Le Labourd, le long de la côté atlantique, s'étend de l'Adour à la Bidassoa. Les influences françaises s'y feront sentir très vite et les liens avec Paris seront importants, surtout après le mariage de Louis XV avec l'infante d'Espagne à Saint-Jean-de-Luz.

La Basse-Navarre, partie centrale enclavée, va de la Nive à la Bidouze. C'est la province où le mobilier gardera le plus de caractère, celle aussi où les influences espagnoles seront les plus vives puisqu'elle a, jusqu'au milieu du XVIe siècle, fait partie du royaume de Navarre alors à cheval sur les Pyrénées.

La Soule, enfin, limitrophe du Béarn dont elle subit les influences, est la partie la plus montagneuse et la plus pauvre du Pays Basque. La vie y est plus rude et le mobilier à la fois plus robuste et moins varié.

La ferme basque

La maison basque, avec son toit en accent circonflexe, quelquefois dissymétrique, et sa façade à colombages, est tout à fait caractéristique. Elle domine dans le Labourd. En Basse-Navarre, le colombage cède la place à la pierre et dans la Soule, les maisons sont influencées par le Béarn : toits plus pentus et murs en moëllons.

Les ouvertures, petites et peu nombreuses, sont toujours orientées à l'est, à l'abri des vents venus de l'Océan.

La pièce commune est divisée en deux parties, la salle proprement dite dont le plancher est ciré et la cuisine ou «potager», domaine de la maîtresse de maison, en basque «etxeko Anderea», dont le sol est lavé et où se trouve un évier aménagé dans une anfractuosité du mur. Cette pièce abrite d'ordinaire un banc près de la cheminée, une table avec ses bancs au centre ou le long d'un mur, un buffet ou un vaisselier, parfois un pétrin.

Un escalier, souvent fort raide, conduit au premier où se trouvent des chambres fort peu meublées. La maison est précédée d'une remise appelée «ezkaratza» où l'on entrepose charrettes et outils. Parfois, l'aîné ou l'héritier habite avec sa famille sous le même toit que le maître ou «etxeko Jaun».

Structure

Le mobilier basque a connu sa meilleure période au début du XIXᵉ siècle. Les ateliers se sont alors multipliés dans les villages sans que l'on connaisse de grands centres de production. Les artisans ont souvent fait preuve de beaucoup d'imagination, s'efforçant de diversifier les formes.

Les lignes du meuble basque sont droites et sobres, sans sécheresse. Les volumes sont importants dans l'ensemble et les proportions parfois insolites, avec une largeur disproportionnée par rapport à la hauteur. Cette construction, assez particulière, donne parfois une impression de lourdeur. Pas de «chapeau de gendarme» sur la corniche toujours rectiligne. Seuls les vaisseliers et les vantaux des portes adoptent parfois la ligne courbe. C'est le cas aussi dans le Labourd, plus ouvert à l'influence française, où l'on peut trouver des meubles d'inspiration Louis XV.

Motifs décoratifs

La décoration est traitée beaucoup plus sobrement sur le versant français et n'atteint jamais l'exubérance d'outre-Pyrénées. Les thèmes, cependant, sont souvent identiques. Côté français, on adopte plutôt le champlevage alors que la taille en creux prédomine sur le versant espagnol.

L'origine des motifs typiquement basques se perd dans la nuit des temps. Ils figurent déjà sur les vestiges antérieurs à l'occupation romaine. Ce sont la croix basque, la «swastika», également appelée «lauburu», les virgules, roues, rosaces symbolisant le soleil, diversement assemblées et répétées, interprétées de façon plutôt naïve.

La vie religieuse est intense au Pays Basque d'où une utilisation importante du thème, avec calices, ostensoirs, calvaires, monogrammes du Christ souvent associés à la symbolique des cultes primitifs : le soleil, la lune et les étoiles.

Le plus courant des *motifs hispano-mauresques* est l'éventail ouvert traité en frise. Le mobilier basque présente aussi des motifs géométriques : cercles, losanges, carrés, triangles, dents de scies. D'inspiration hispano-mauresque, aussi, les pieds de sièges et les montants de lits en fuseaux tournés.

Relativement peu nombreux, les *motifs figuratifs et populaires* empruntent leurs thèmes à la faune et à la flore. Côté français, ce sont surtout la fougère et le couple de palombes symbolisant le bonheur conjugal.

Le coffre ou «kutxa»

Meuble essentiel, le coffre ou «kutxa» abrite les richesses de la famille. Il prend place, parfois, dans la salle commune, plus souvent dans une chambre. Le coffre basque est assez haut et volumineux. Il possède à droite, un petit compartiment avec couvercle pour les objets précieux et l'argent. Le plus souvent, il contient le linge et les vêtements, plus rarement les provisions.

Moins élégant que son homologue espagnol, le coffre basque français est sculpté de dessins géométriques, de motifs repris en frise, de «swastikas» ou d'éventails ouverts appelés aussi «quarts de roues».

L'armoire ou «harmairua»

Elle n'apparaît vraiment au Pays Basque qu'au XIXᵉ siècle. C'est donc un meuble relativement récent. Il est plutôt de petite taille – 1,70 m souvent – avec des vantaux de dimensions modestes et un long tiroir dans la partie basse. Les traverses importantes et l'aspect trapu du meuble donnent parfois à l'armoire basque une allure déséquilibrée.

On y grave parfois le nom du propriétaire ou encore le traditionnel couple de palombes, symbole du mariage.

Le buffet-vaisselier ou «baxerategia»

C'est, au Pays Basque, le meuble-roi, reflet de la richesse de la famille. De taille imposante, il prend place dans la salle commune, à proximité de l'évier, dans le périmètre non ciré.

Inconnu sur le versant espagnol de la province, le buffet-vaisselier est ici très soigné et fait des plus beaux bois, souvent du cerisier, en raison de la belle patine blonde qu'il donne au meuble.

Le buffet-vaisselier est large avec une partie inférieure à trois ou quatre portes et une partie supérieure en léger retrait, parfois complétée par de petites armoires latérales. Le haut du meuble comprend des étagères à galeries sur lesquelles sont disposées les assiettes.

Le buffet-vaisselier se répand dans les campagnes à la fin du XVIIIe siècle et devient courant au XIXe.

*Coffre basque
décor de guirlandes feuillagées.*

(Musée Basque, Bayonne. Photo J. Verroust.)

 **Droit d'aînesse et apports dotaux**

La maison et son mobilier tiennent une place fondamentale dans l'esprit du peuple basque, parfois plus que la famille elle-même.

Le droit d'aînesse a été appliqué jusqu'à une période récente : l'aîné, ou plutôt le fils choisi comme héritier par le chef de famille, se devait d'occuper la maison dont il allait devenir le maître un jour, tandis que les cadets partaient «aux Amériques» où l'émigration basque a été longtemps importante.

Lors du mariage, la jeune fille apportait un coffre renfermant son trousseau, parfois une petite table de toilette recouverte d'étoffe. Cette garniture, comme celle du lit, étaient confectionnées par le tailleur en même temps que les habits de noce des époux.

Le jour du mariage, un char à bœufs transportait le tout en procession. Le fiancé, de son côté, fournissait les autres meubles : lit, tables, sièges...

La «manka»
ou «komoda»

La «manka» ou «komoda», création basque, est un meuble très curieux, particulièrement répandu en Basse-Navarre, qui tient à la fois de l'armoire, du coffre et du buffet. Assez haute – 1,60 m environ – la «manka» présente un corps à deux portes, complété par un long tiroir dans sa partie basse et d'un coffre dans sa partie haute. La «manka» se répand à la fin du XVIIIe siècle, et trouve sa place plutôt dans la chambre. Sa décoration est souvent à base de cercles, soleils et éventails ouverts.

La table ou «mahaïna»

Elle apparaît plus tard sur le versant français que sur le versant espagnol. Pendant longtemps, on a utilisé une simple planche posée sur des tréteaux que l'on démonte après les repas.

Plus petite et moins lourde que la table basque espagnole, la table française est néanmoins de bonne taille. Elle possède des pieds tournés réunis souvent par une barre à double T. On trouve aussi quelques tables-huches à plateau non débordant et, dans les chambres, quelques petites tables basses à pieds tournés, d'inspiration Louis XIII.

Le «züzülü» ou «zizelü»
ou banc-table

C'est le banc du chef de famille. Lui seul a le droit de l'occuper, rarement son épouse. Le «züzülü» se place près du foyer et comporte un dispositif très ingénieux, une tablette abattante dans la partie centrale du dossier qui permet au maître de prendre ses repas à l'écart. Tantôt la tablette est ajourée au dossier tantôt elle y est intégrée et lorsqu'elle est abaissée, laisse un vide par lequel on peut passer assiettes et plats. Le «züzülü» est, comme la «manka», une invention des artisans basques.

Autres sièges

Le banc, «alki», est très répandu, parfois combiné avec un coffre, moins souvent, toutefois, que dans d'autres provinces. Les sièges mobiles sont peu nombreux et de deux sortes : en bois plein, massifs et droits, peu décorés ou paillés, plus bas, plus confortables, de forme évasée avec de grands accoudoirs.

Peu utilisés sur le versant espagnol, les sièges paillés sont assez répandus au Pays Basque français. Ils y sont aussi plus fins, avec des pieds tournés, du style «fauteuil de bonne femme».

Le lit «ohea» et
le berceau «ohakoa»

La chambre basque est austère et peu meublée. A l'opposé du lit espagnol avec ses élégants fuseaux tournés, le lit basque français est simple et presque fruste. Il est souvent en noyer ou en chêne, quelquefois équipé d'un ciel de lit.

La coutume veut que les Basques laissent leurs lits ouverts durant la matinée afin de laisser la place aux anges censés venir s'y reposer à leur tour.

Les berceaux sont plus soignés. Il en existe de deux sortes : des moïses bas, presque posés sur le sol et des modèles plus hauts à balustres.

Autres meubles

Le vaisselier-égouttoir, placé près de l'évier, équipé d'encoches porte-couverts et d'étagères, est assez courant, de même que les buffets bas avec leur décor de losanges Louis XIII.

Il y a peu de bureaux et de commodes, des petits meubles en nombre restreint et presque pas d'horloges.

Bois et ferrures

Le Pays Basque, très boisé, fournit de nombreuses essences. Dans le Labourd, ce sont le chêne et le noyer, souvent associés dans un même meuble. Les essences fruitières sont recherchées pour leur patine blonde. En Basse-Navarre, les bois sont variés : chêne et châtaignier mais aussi poirier, cerisier, merisier. Dans la Soule enfin, le mobilier qui utilise presque exclusivement le chêne et le châtaignier est plus sombre. Aux confins de la région landaise, on trouve d'assez nombreux meubles en pin.

Quand on connaît la richesse des fers forgés espagnols, on s'étonne de leur utilisation parcimonieuse sur le versant français. Leur rôle est essentiellement fonctionnel. Les entrées de serrures sont sobres, parfois terminées en bec d'oiseaux. La même tige métallique commande souvent plusieurs parties ouvrantes. Sur certains meubles – buffets, vaisseliers – de simples loquets en bois remplacent les ferrures.

*Armoire étroite à corniche débordante,
deux portes et tiroir médian.*

(Musée Basque, Bayonne. Photo J. Verroust.)

*Chaise en bois massif,
droite, peu décorée
mais d'une grande élégance de formes.
Travail paysan.*

(Musée Basque, Bayonne. Photo J. Verroust.)

*Buffet bas XIXe
ouvrant à deux portes
séparées par un dormant à motif religieux.*

*Table pétrin en cerisier
à large ceinture, pieds tournés.
XIXe.*

(Musée Basque, Bayonne. Photo J. Verroust.)

*Züzülü ou zizelü
Banc-table du chef de famille
comportant une tablette à abattant
permettant de prendre son repas.*

(Doc. Trouvailles. Photo John Keyser.)

Züzülü ou zizelü
avec tablette laissant un vide par lequel
on peut passer les plats et les assiettes.

(Musée Basque, Bayonne. Photo J. Verroust.)

Musées

64. BAYONNE
Musée basque, 1, rue Marengo.
64. PAU
Musée béarnais, 2, rue du Château.

Table des matières

	pages
Préface	7
Plan général	9
Introduction	11
Prestige du meuble régional	15
L'Ile de France	49
Les Pays de Loire	57
Le Berry	67
La Flandre	75
L'Artois et la Picardie	85
La Normandie	95
La Haute-Normandie	95
La Basse-Normandie	96
Achat d'une armoire normande au XIXe siècle	99
La Bretagne	115
La Basse-Bretagne	115
La Haute-Bretagne	136
Rennes	136
Saint-Malo	144
Les meubles de port	144
Nantes	147
La région de Guérande	148
L'Alsace	149
Le mobilier peint alsacien	150
La marqueterie « en mosaïque »	153
La Lorraine	177
L'Ecole de Nancy et la naissance de l'Art nouveau	179
La Champagne et les Ardennes	197
Le mobilier ardennais	200
La Bourgogne	207
La commande d'un mobilier	211
La Franche-Comté	221
Une dynastie d'ébénistes de Montbéliard : les Couleru	223

La Bresse 231

Le Lyonnais et le Forez 243

La Savoie . . . . 261 X - de Loys

Le Dauphiné 271

   Une dynastie d'ébénistes greneblois : les Hache 280

La Provence 285

Le Languedoc 305

   Le Roussillon 307

   L'Ardèche 309

L'Auvergne 319

   Le mobilier de la dentellière 323

Le Limousin 329

Le Périgord 333

La Côte Atlantique : Vendée, Aunis, Poitou, Saintonge 343

   La Vendée et les régions maraîchères 343

   Le bocage, l'Aunis et la Saintonge 347

Le Sud-Ouest 355

   Les Landes 357

   Le Bordelais 363

Le Pays Basque 367

   Droit d'aînesse et apports dotaux 369

Bibliographie 379

Bibliographie

Jean Bedel : Meubles et objets des provinces de France : Auvergne, Rouergue, Velay, Paris 1979.

Jean Bedel : Meubles et objets des provinces de France : Normandie, Paris 1979.

L'abbé Jacques Choux : Meubles Lorrains, Paris 1973.

Solange Cuisenier et Annie Watiez : Le Mobilier régional français : Nord-Picardie, Paris 1984.

Françoise Deflassieux : Meubles et objets des provinces de France : Flandre, Artois, Picardie, Paris 1979.

Françoise Deflassieux : Meubles et objets des provinces de France : Alsace, Paris 1979.

Bernard Deloche : Le Mobilier bourgeois à Lyon, 1980.

Bernard Deloche : Le Mobilier régional français : Lyonnais, Forez, Vallée du Rhône, Paris 1982.

Stany Gauthier : La Connaissance des meubles régionaux français, Paris 1952.

Denise Gluck : Le Mobilier régional français : Savoie-Dauphiné, Paris 1983.

Guillaume Janneau : Le Mobilier populaire français, 2 vol., Paris 1977, 1983.

Guillaume Janneau et Jacques Fréal : Meubles bretons, Paris 1973.

Guillaume Janneau et Jacques Fréal : Meubles normands, Paris 1973.

Guillaume Janneau et Jacques Fréal : Meubles provençaux, Paris 1974.

Guillaume Janneau et Jacques Fréal : Meubles basques et béarnais, Paris 1974.

Georges Klein : Le Mobilier polychrome en Alsace, Strasbourg 1977.

Françoise Lévy-Coblentz : L'Art du meuble en Alsace, Rennes 1980.

Albert Maumené : Les beaux meubles régionaux des provinces de France, Paris 1952.

Jean Secret : Meubles du Périgord, Périgueux 1975.

Suzanne Tardieu : Meubles régionaux datés, Paris 1950.

Suzanne Tardieu : Le Mobilier rural traditionnel français, Paris 1976.

Suzanne Tardieu-Dumont : Le Mobilier régional français : Normandie, Paris 1980.

Suzanne Tardieu-Dumont : Le Mobilier régional français : Bourgogne, Bresse, Franche-Comté, Paris 1981.

Remerciements

Nous tenons à remercier tout particulièrement les membres
de la Chambre Nationale des Commissaires-Priseurs
et la Compagnie des Commissaires-Priseurs de Paris,
ainsi que les Musées qui nous ont communiqué
des documents photographiques.

Achevé d'imprimer en avril 1989
Réalisation technique : Industries Graphiques de Paris
Imprimerie-Reliure : Mame - Tours
Dépôt légal 2e trimestre 1989
Imprimé en France